# 에버하르트 융엘
-진리의 현대적 해석자-

**현대 신학자 평전 14**

# 에버하르트 융엘
―진리의 현대적 해석자―

정기철 지음

# 머리말

"진리를 알지니 진리가 너희를 자유케 하리라."(요 8:32)

1990년 봄, 튀빙엔 대학교 강의실에서 융엘을 처음 만났을 때가 기억난다. 그는 전형적인 독일 교수 인상이었다. 2004년 융엘을 다시 만났을 때도 그는 여전히 꼿꼿한 자세로서 학자의 품위를 잃지 않고 있었다. 그의 집을 방문한 나는 그 동안 이해하지 못했던 그의 신학에 대해 직접 설명을 듣고 싶어서 여러 가지 문제를 제시했었다. 융엘은 나의 궁금증에 대해 자세하게 설명해 주었다. 또한 신학적 토론의 장으로 기꺼이 나를 초대해 주었다. 필자는 푹스의 '성서 해석학'과 바르트의 '말씀의 신학'을 통일하려고 했던 그의 작업의 의의와 지금도 그 일을 보람있게 여기는지에 대해 물었다. 당신의 신학 정체성이 무엇이냐는 도발적인 질문에도 그는 얼굴이 굳어지거나 정색하지 않고 웃음으로 여유 있게 대답해 주었다. 자신의 신학이 어렵다는 말을 자주 들어서인지 그는 신학의 진리가 가지는 속성과 비교하면서 그의

필자(좌)와 융엘(우)

신학을 쉽게 설명해 주기도 했다. 융엘은 헤어질 때, 자신이 쓴 책들과 설교집을 선물해 주기도 했다. 그래서인지 융엘은 필자에게 더 이상 낯설지 않다.

융엘이 쓴 책들을 대부분 읽은 나는 그의 사상을 어느 정도 알고 있었다. 살림출판사의 신학자 평전 시리즈를 설명하면서 필자가 융엘의 신학 입문서를 쓰게 되었다고 알렸다. 그는 자신에 관한 한국에서의 연구를 반기면서도 걱정하는 눈치였다. 그러면서 필자에게 나의 그 간의 연구 경향과 학풍에 대해 물었다. 그리고는 영어본인 자신에 관한 글(John B, Webster, *Eberhard Jüngel, An Introduction to His Theology*)의 장단점을 비교 설명해 주었다. 융엘은 자신의 사상이 왜곡되지 않게 책임 집필해 달라고 전했다. 또한 필자에게 명료한 서술과 자세한 설명으로 자신의 저서들을 한국 독자들이 이해할 수 있도록 해 달라고 부탁했다. 필자는 반드시 그러겠다고 대답했다. 그래서 이 책은 필자의 해석이나 이해보다는 그의 사상을 원전에 기초해 충실하게 설명하려고 노력했다.

주제 선택에 대한 설명에 대해 독자들에게 이해를 구해야겠다. 주제 선택은 전적으로 필자의 주관적인 판단에 근거했다. 다른 주제를 원하는 독자들도 있겠지만, 필자는 다음과 같은 이유로 주제를 선정했다.

첫째, 신학적 해석학을 선택한 이유는 그의 학문적 뿌리가 거기에서 비롯되었기 때문이다. 또한 바르트나 하이데거의 사상과의 만남을 통해 그의 전 신학의 학문적 토대가 되었기 때문이다.

둘째, 그의 신학 사상의 가장 큰 특징이 그가 전통 신학에 정통하다는 것이기 때문이다. 기독론이나 신론, 특히 삼위일체론 등은 그의 진면목을 유감없이 드러내준다.

셋째, 공산치하를 경험한 융엘은 무신론의 시대, 곧 신의 죽음의 문제에 답하는 것이 신학의 주제라고 했기 때문이다.

끝으로 개신교와 가톨릭의 합동선언문이 올바로 진행되기 위한 칭의론에 대한 그의 의견은 우리 시대에 적절한 테마이기 때문이다. 따라서 독자들은 이 책을 목차대로 읽지 않고 자신의 관심사를 따라 읽어도 좋을 것이다. 그러나 가능하다면 처음부터 읽는 것이 좋겠다. 융엘의 생애나 사상적 배경을 먼저 아는 것이 그의 신학을 이해하는 데 도움이 되기 때문이다.

이 책은 융엘 사상의 입문서다. 따라서 그의 사상에 대한 논쟁이나 비판을 싣지 않았다. 바로 이 점을 아쉬워하는 사람들이 많을 것이다. 필자도 마찬가지다. 특히 현대 문화 속의 신학의 과제나 본질을 알고 싶어 하는 독자들에게 아쉬움이 많을 것이다.

융엘은 살아있는 독일 신학자 중 가장 정통신학에 정통한 사람이다. 따라서 몰트만처럼 상황신학의 주제에 대해 깊은 신학적 통찰을 제공하지 못할 수도 있다. 융엘은 자신의 신학이 순례자의 신학이기를 원했다. 진리 자체에 이르고자 하는 그의 노력은 우리를 충분히 감동시킨다.

융엘 교수가 정년퇴임을 했을 때, 독일 일간지들은 그를 가장 독일적인 정신을 실현한 사람, 곧 기독교의 신앙의 진리를 중시한 사람이라고 평했다. 이처럼 독자들도 이 책을 통해 융엘이 말한 기독교의 신앙의 진리를 알아가기를 바란다.

이 책이 다루는 주제 중 논문으로 이미 발표된 것들도 있다. 따라서 이 책을 위해 그 내용을 교정하거나 다듬었다. 이 책이 나오기 까지 필자는 여러 사람의 도움을 받았다. 먼저는 융엘 교수이고 그 다음으로 독일 보훔 대학의 프라이(Christofer Frey) 교수와 링크(Christian Link) 교수다. 이들의 격려와 지도에 감사를 드린다. 숭실대 김영한 교수는 필자가 융엘의 사상에 빠지지 않도록 여러 걱정을 하시면서 학자의 자세에 대해 많은 조언을 해 주셨다. 그리고 융엘의 신학 사상의 특징과 장단점을 자세하게 설명해 주셨다. 필자도 독자들이 융엘의 신학 사상이 가지는 진면목을 올바로 이해하기를 바란다. 그러나 독자의 신앙과 신학적 경향을 고려해서 올바른 신학을 정립해 가기를 바란다.

사랑하는 가족들의 도움을 잊을 수 없다. 처음부터 끝까지 자세한 교정과 책의 완성을 위해 조언해 주신 살림출판사 김병규 선생께도 감사드린다. 박현덕 목사의 철저한 교정도 잊을 수 없다.

2007년 6월<br>정기철

**차 례**

머리말　4

1. 융엘의 생애　13

2. 융엘의 주요 사상　33

3. 신학적 해석학　40
 1) 성서 해석학의 필요성　42
 2) 성서 해석방법들　51
 3) 신학적 해석학과 철학적 해석학　59
 4) 융엘의 신학적 해석학　68
　(1) 이야기 신학 : 은유　70
　(2) 신앙의 유비　73
　(3) 하나님 나라의 통치 : 비유　76

## 4. 기독론    91

  1) 말씀 신학 : 기독론의 이론적 단초    93

  2) 사람이 되심    95

  3) 십자가 신학    99

  4) 부활 신학    104

   (1) 바르트의 부활 신학    104

   (2) 융엘의 부활 신학    109


## 5. 죽음의 신학    117

  1) 문제 제기 : 라너와 죌레의 죽음의 신학    118

  2) 성서가 말하는 죽음의 이해    124

     (1) 구약 성서의 죽음 이해의 특징    125

     (2) 신약 성서 안에서 죽음의 가장 중요한 특징    131

  3) 근대의 신의 죽음    134

  4) 하나님의 죽음의 의미    138

  5) 죽음의 본질    140

  6) 죽음과 시간    145


## 6. 삼위일체론    148

  1) 융엘의 삼위일체론의 신학적 배경    148

  2) 되어감 속에 계시는 삼위일체 하나님    152

(1) 되어감 속의 삼위일체 하나님　153

　(2) 굉비처와 브라운의 삼위일체 논쟁　157

　3) 세상의 비밀이신 삼위일체 하나님　163

　4) 사랑이신 하나님 : 삼위일체 신앙의 십자가 신학적 매개　168

　5) 윙엘의 삼위일체론에 대한 평가　173


## 7. 무신론 시대의 신 사유 가능성　177

　1) 데카르트의 의심의 힘 : 신 필연성을 정초하기 위한 단초로서의
　　 방법적 회의　181

　2) 피히테의 요구 : 신 일반은 사유되어서는 안 된다　184

　3) 포이어바흐의 주장 : "엄밀하게 말해서, 네가 신을 사유하는 곳
　　 에서만, 너는 생각할 수 있다."　187

　4) 니체의 질문 : "너희들이 신을 생각할 수 있는가?"　189

　5) 근대 형이상학적인 신 사유의 실질적인 사유불가능성　190

　6) 근대의 신 사유 문제에 대한 윙엘의 신학적 답변　193


## 8. 자연신학　208


## 9. 칭의론　219

　1)『기독교 신앙의 핵심으로서 경건치 않은 자의 칭의에 관한 복음』
　　 의 저술 배경과 목적　221

2) 융엘의 지적에 따라 합동선언문 부록 속에 합의 내용으로 첨가
     되어야 할 사항들   224
  3) 합동선언문에 대한 융엘의 문제 제기   227
  4) 융엘의 칭의론   234
   (1) 하나님의 의   236
   (2) 칭의론의 핵심 원리   239
   (3) 융엘의 칭의론의 문제점   242

10. 맺음말   245

 • 참고문헌   254

# 1. 융엘의 생애[1]

에버하르트 융엘(Eberhard Jüngel)은 1934년 12월 5일 엘베 강가의 막데부르크(Magdeburg)에서 태어나 나움부르크/잘레(Naumburg/Saale)에 있는 신학교에서 개신교 신학을 공부하기 시작했다. 또한 베를린(Berlin), 취리히(Zürich)와 바젤(Basel) 대학 등에서 신학을 공부하여 1961년 『바울과 예수』로 신학박사 학위를 받았다. 이 책은 허혁 교수의 번역으로 출간되었다. 1962년 동베를린 신학대학에서 교수자격논문을 제출하여 신약 학사 강사 생활을 시작했다가 교의학 교수로 자리를 옮겨간다. 그 후 1966년부터 1969까지는 취리히 대학에서 조직신학과 교의학사 교수로 봉직했다. 1969년부터는 튀빙엔(Tübingen) 대학 조직신학과 종교철학 교수로 활동했

---

[1] 「나의 신학 - 짧은 요약」이라는 융엘 자신의 생애와 사상은 다음 글을 참고. Eberhard Jüngel, "Meine Theologie - kurz gefasst" (1985), *Wertlose Wahrheit*, Mohr Siebeck : Tübingen 1990, 1-15. 최성진 역, 『세계의 신학』 제32호, 224-236쪽.

고, 같은 대학 해석학 연구소 소장을 겸직했다. 1987년부터는 튀빙엔 복음주의 신학재단의 교장직도 수행했고, 1999년 정년퇴임한 후로 여러 종교재단의 교장직과 회원으로 활발하게 활동하고 있다.

   융엘은 공산주의 시대에 고등학교를 다녔다. 공산주의는 종교를 인민의 아편으로 여겼기 때문에, 신학을 공부하겠다는 그의 생각은 부모로부터 거센 저항에 부딪쳤다. 그의 어머니는 사회주의 사회에서 성직이 밝은 미래를 보장해 주지 못할 것이라고 두려워 하였고, 전기공인 아버지는 기독교 신앙을 조롱하는 입장이었기 때문에 신학을 반대했다. 당시 동독을 지배하던 정치적 이데올로기와 감시는 고등학교에까지 미쳤다. 고등학교 학생도 공산주의를 함부로 비판할 수 없었다. 융엘은 주관적인 생각을 말했다는 이유만으로 1953년 '노동자 혁명' 직전에 국가안전부에 체포당해 심문을 받고 대학교 입학 자격 시험인 아비투어를 앞두고 '인민의 적'으로 낙인찍혀 대학 입학 시험 전에 소집된 전체 교사회의에서 퇴학 처분을 받았다. 이런 상황 속에서도 융엘이 신학을 공부하게 된 동기나 요인은 무엇이었을까? 그를 그토록 강하게 움직였던 사건은 스탈린주의 사회에서 처벌되지 않고도 진실을 말할 수 있는 유일한 장소가 있었고, 그곳이 바로 교회였다는 것을 알게 된 것이다. 교회에서는 침묵을 깰 수 있는 자유, 곧 진리를 말할 수 있는 자유가 있었다. 공산치하였던 동독에서도 교회만은 거짓을 거부할 권리가 있었다. 교회는 누구든 복음의 진실을 증언할 수 있었기 때문에, 자유를 경험할 수 있었던 유일한 장소였다. 따라서 융엘은 "진리를 알지니 진리가 너희를 자유케 하리라"(요 8:32)라는 이 구절을 가장

젊은 시절의 융엘

좋아하게 되었다. 교회는 진리를 말하는 곳이고, 불가능을 가능하게 만드는 곳이었다. 독일 통일에 가장 큰 기여를 한 것이 교회 기도 모임이었다는 사실은 우리에게도 시사해 주는 바가 크다. 융엘은 '교회는 진리의 최후 보루이고, 사회를 구원하는 장소여야 한다'는 신념을 우리에게 강력하게 심어주었다.

## 1) 융엘의 학창 시절과 사상사적 영향

융엘은 스탐러(Gerhard Stammler) 철학교수에게서 칸트(Immanuel Kant)와 논리학을 집중적으로 배웠다. 융엘의 박사논문을 지도한 신약학자인 푹스(Ernst Fuchs)는 하이데거(Martin Heidegger)철학을 연구하도록 권유하고 불트만(Rudolf

Bultmann)을 소개해 주었다. 당시 동독에 살고 있었던 융엘에게 그들의 학문은 허용되지 않았던 일이었다. 그러나 융엘은 스위스 취리히와 바젤 그리고 서독 프라이부르크(Freiburg) 등을 오가며 공부했다. 취리히에서는 에벨링(Gerhard Ebeling)을 통해 루터(Martin Luther)의 사상을 접했고, 프라이부르그 대학에서는 하이데거의 『언어로 가는 길목』(*Unterwegs zur Sprache*) 강의를 들었으며, 바젤에서는 바르트(Karl Barth)의 강의를 들었다. 융엘은 하이데거와의 사상과 언어에 대한 토론내용을 스피겔 잡지에 소개했다. '신에게로 가는 길목(Unterwegs zu Gott)'에 서는 것이 사상의 운명이 아니겠느냐는 융엘의 질문에 하이데거는 "신은 가장 가치 있는 사상의 대상이지만, 바로 거기에서 언어는 침묵한다"라고 대답한다. 그러나 융엘은 신학을 향한 루터의 노력이나 무수한 논쟁에 맞서는 바르트의 신학을 통해 하나님 앞에서 언어가 결코 무력해지지 않는다는 사실을 배우게 되었다고 한다.

융엘은 바르트와의 일화를 소개하기도 했다. 바르트가 융엘을 처음 만났을 때, 바르트는 그를 불트만 학파에서 온 밀정으로 오인했다고 한다. 융엘이 불트만에 대한 비판을 반박하고 바르트가 만족할 만큼 그의 인간학의 한 부분을 해석하자 비로소 바르트는 융엘을 초대해 밤늦게까지 포도주를 마시며 토론했다고 한다. 그리고 며칠 후에 "하나님이 사랑하는,

오스트조네(Ostzone, 제2차 세계대전 후의 독일의 소비에트 점령지구)로 가고 있는 에버하르트 윙엘에게"라는 헌사와 함께 『교회 교의학(Kirchliche Dogmatik)』전권을 윙엘의 집에 전달했다고 한다.

칼 바르트

윙엘은 특정한 신학적 전통을 무조건 수용하지도 비판하지도 않았다. 불트만 학파의 성서 해석학자였던 그가 바르트의 조직신학 계열의 사람이 된 것은 바로 이 때문이다. 그렇게 해서 나온 책이 『하나님의 존재는 되어감 속에 있다(Gottes Sein ist im Werden)』이다. 윙엘은 바르트 학파에 정착하겠다는 생각을 한 번도 하지 않았다. 불트만 학파에 대해서도 마찬가지였다. 그 대신 그는 개혁가들의 생각을 중시했다. 그가 생각하는 개혁가들이란 항상 더 깊은 생각을 하는 사람들이다. 이들은 모든 신학적 문제에 대해서도 가장 좋은 해결책이 없다고 생각하지 않는다. 많은 후학들이 윙엘의 학풍에 대해 관심을 기울여 그것을 알고자 한다. 그러나 윙엘은 오늘날까지 자신의 신학적 학풍을 만들려고 하지 않았다. 그렇다고 해서 윙엘이 어떤 원칙도 없었던 것은 아니다. 예를 들어 신학대학 교수가 학생들을 가르칠 때, 학생들의 판단력이 정당한 지의 기준을 성서에서 발견할 수 있도록 했다. 그러면서 학생들이 자신의 이성을 사용하도록 했다. 그는 복음적인 신학은 적어도 이 점에 있어서 계몽주의의 승계자로 생각해야 한다는 입장을 견지했다. 이런 입장에서 융엘은 신학이 신정통주의나 신이성주의 뿐 아니라 개인주의, 집단주의 등도 초월하는 '복음'의 빛 안에서 있어야 한다고 확신했다. 이러한 이유 때문에 그는 신학이 '순례자들의 신학(*theologia viatorum*)'이어야 한다고 생각했다. 따라서 그것은 순례자는 '사태의 중심을 향한 길목(Unterwegs zur Sache)'에 서 있어야 하며, 항상 통찰력의 한계를 넓혀야 한다고 강조한다. 융엘은 신앙도 이런 차원에서 이해했다.

프로이센 개혁자들의 정신을 이어받은 융엘에게 신앙은 '단절'을 뜻한다. 즉 이성에 합당한 인간의 질서와는 다른 방식으로, 그리고 이성으로는 다루기 힘든 어떤 것이다. 신앙이 이성일 수 없다면, 어떻게 우리는 그것이 신앙인지 알 수 있는가? 더구나 단절이라면 낯선 것을 친숙하게 만들어야 한다. 어떻게 이 일이 가능한가? 융엘은 그 가능성을 아우구스티누스(Augustinus)의 변증법적인 하나님의 개념에서 찾았다. 아우구스티누스에게 하나님은 우리가 우리 자신을 가까이 할 수 있는 것보다 더 가까이 우리에게 오신 분이다. '나보다 더 내 가장 깊은 곳까지(*interior intimo meo*)' 들어 오시는 하나님을 어떻게 인식하느냐의 문제, 곧 아우구스티누스가 그의 신학의 전제로 삼았던 「이사야」 7장 9절은 중요한 해석학적 단초다. "너희가 믿지 못하면 정녕 깨닫지 못하리라!(*Nisi crediritis non intelligetis*)." 그렇지만 신앙을 학문적으로 규정해야 하는 신학은 철학과 관련이 있다. 그렇다면 그에게 철학과 신학은 어떤 관계로 전개될까?

기독교 신앙은 경이로움으로 우리에게 다가온다. 이 경이로움은 인식을 촉구한다. 즉 경이로운 일을 만난 사람은 그것이 무엇인지 알려고 한다. 그 사람은 그것을 단지 알려고만 하지 않는다. 알아야만 하고 그것을 이해해야만 한다. 그는 그 경이로운 사태에 대한 단순한 인식으로 만족하지 않고, 그 경이로운 일이 불러일으킨 것에 대해 알고자 한다. 옛날부터 철학은 이 같은 경이로움에 대한 인식의 시작을 말해왔다. 플라톤(Platon)과 아리스토텔레스(Aristoteles)는 경이로움에서 철학이 시작되었다고 지적한다. 하나님의 계시도 역시 마찬가지이다. 하나님의 계시의 경이로움을 접하면, 우리는 단순히 그 사실을 인지하는 데서 끝나지 않고 그것을 인식하고자 한다.

신앙은 경이로운 방식으로 우리에게 임하기 때문에, 우리는 그것을 처음부터 알기 위해서 믿어야 한다(*fides quaerens intellectum*). 경이로움과 함께 시작하는 철학함의 목적은 더 이상 경이로움이 필요 없는 것일 텐데, 그런 의미에서 경이로움과 함께 시작한 철학자는 인식과정의 끝에 이르면 경이로움을 근본적으로 잊어버리게 될 것이다. 그렇다고 그것이 신학적 인식의 목적이라고 할 수는 없다. 왜냐하면 이미 신학적 인식의 시작 즉, 경이로움은 철학적 인식을 불러일으키는 경이로움과는 다른 종류이기 때문이다. 우리가 신앙 속에서 하나님의 영광에 참여할 수 있다는 사실이 경이로움을 불러일으킨다. 신앙은 이런 하나님의 영광에 깊게 빠지게 만든다. 「고린도후서」 3장 18절이 말하고 있는 것처럼 "주의 영광을 보매 저와 같은 형상으로 화하여 영광으로 영광에 이르게 되기" 때문에 경이로움은 뺄 수 있는 것이 아니라 더해지는 것이다. 하나님의 계시에 대한 경이로움에서 기인하는 신학적 인식의 목적은 점점 더 확대되어가는 놀라움일 수 있다. 그래서 바울은 「로마서」에서 하나님의 지혜와 지식의 부요함과 판단의 측량치 못함을 찬양하고 있다.

## 2) 스위스 취리히와 독일의 튀빙엔 대학에서의 강의

윙엘을 교수로 임명한 사람은 베를린의 샤프(Kurt Scharf) 감독이었다. 교수 임명 몇 주 후에 윙엘은 신학박사 학위를 받았다. 그러나 동베를린의 경찰 당국은 윙엘의 박사 학위를 박탈하려고 했다. 윙엘은 첫 강의학기 때의 어려움을 다음과 같이 표현했다.

"나는 준비가 충분히 된 상태가 아니어서 강의를 위해 밤을 지새워야 했다. 심지어 다음날 무엇을 강의해야 할지 몰랐던 경우도 많았다."

융엘이 대학에서 처음으로 강의를 했을 때의 일이다. 교의학을 강의할 때, 여러 참고문헌들을 통해 강의를 준비했다고 한다. 이 때 그는 바르트의 신학에서 많은 것을 배웠다고 한다. 그는 바르트 신학을 통해 성서가 증언하는 진리에 대해 관심 가지려면 우리가 살고 있는 현재 세계도 신뢰해야 한다는 것을 배우게 되었다. 융엘은 바르트로부터 하나님의 현존, 즉 하나님이 이 땅에 오신 사건으로부터 하나님에 대해 생각하도록 도전 받았다. 이 사건을 통해 융엘은 하나님은 모든 인간에게 낯설지 않은 존재가 되었으며, 예수 그리스도라는 인간의 형태로 인간보다 더 인간적인 속성을 갖고 계심을 알게 되었다. 융엘은 바르트와 그의 저작을 만남으로써 새로운 분야에 대한 발상을 얻게 되었다고 술회한다.

융엘이 1966년 스위스 취리히 대학의 초청을 받고 망설였다. 그때 막데부르크의 주교 예닉케(Johannes Jänicke)와 바르트는 융엘이 이적히는 때에 결정적인 영향을 미쳤다. 그들은 동독에서의 부자유한 지적 분위기와 독재 위험에서 벗어나서 스위스로 옮기라고 융엘에게 권했다. 결국 융엘은 자유세계로 갔다. 이를 통해 융엘은 마르쿠제(Herbert Marcuse)가 지적한

철의 장막 뒤에 숨어있는 일차원적인 인간과 사회의 위험성을 직시하게 되었고, 지금까지 그의 신학적 실존을 규정해 왔던 진리를 향한 사랑 외에 삶에 대한 사랑도 가치가 있다는 것을 알게 되었다. 3년 후 융엘은 케제만(Ernst Käsemann)의 요청으로 독일의 튀빙엔 대학으로 자리를 옮긴다. 이런 일련의 변화 과정에서 융엘의 신학적 관심을 차지하는 것은 다름 아닌 창조자 하나님이었다. 창조자 하나님은 전능한 하나님이시지 무능한 하나님일 수 없지 않겠는가? 그런데 기독교는 십자가에서 무능하게 죽은 하나님을 주장하지 않는가? 따라서 융엘은 전능한 창조자 하나님이라는 교리에 대해 고민하던 중, 하나님께서 무력한 능력을 통해서도, 즉 십자가에서의 죽음의 순간조차도 자신의 신적 능력을 증명한다는 하나님의 전능함에 대해 생각하게 되었다고 한다. 따라서 십자가 신학은 융엘 사상을 관통하는 핵심이 된다. 그러므로 현대신학이나 교회들에서 점차 증가하고 있는 권능, 통치, 성공 등과 같은 개념을 부정적으로만 비판하는 입장에 대해서도, 이러한 용어들에 대한 신학적 해명이 필요한 것으로 여기는 조심스런 태도를 취할 수 있었다. 예를 들어 그는 하이데거를 통해 지배력이나 권력의 행사가 인간 자신의 대단한 계획을 위해서가 아니라, 존재하는 것 자체의 이익, 즉 현상의 보전을 위한 힘으로 이해해야 한다는 점을 분명히 인식할 수 있게 되었다고 한다. 그러므로 통치나 권력 지배는 그 자체로 나쁜 것이 아니라고 보았다. 그 힘을 행사하는 자의 이익을 초월할 때에 비로소 합법적이 된다고 보았다.

그가 생각하기에 이 문제는 인간 세계뿐만 아니라 피조물에게도 해당되는 논리여야 했다. 창조주가

에른스트 케제만

인간에게 부여한 '땅을 지배할 수 있는 권리'(창 1:26f)는 더 이상 유효하지 않지만 그 권리를 오용한 피해와 결과는 아직까지 남아 있다. 오늘날 활발하게 논의되고 있는 생태학적 세계관에서 말하듯, 우리 인간은 세계의 중심이라는 생각을 버리고 상대적인 존재에 불과하다는 사실을 배워야 한다. 즉 인간 중심적인 자연관을 버리고 인간도 하나님이 창조하신 피조물임을 알고 인간의 청지기적 수행을 통해 하나님의 창조가 잘 보존·관리되도록 노력해야 한다. 또한 우리는 인간이 세계의 본질적 요소라는 생각을 버리고 '함께 하는 존재'라는 생각을 해야 한다. 그 때에야 비로소 상실된 지배권은 창조주께서 당신의 피조물을 위탁하신 원래의 의미로서의 '땅에 대한 주권(Dominium terrae)'이 될 것이다.

인간은 과학적 지식을 오용해 '땅에 대한 주권'을 인간 본

판넨베르크(상) 한스 큉(하)

위적인 지배로 변질시켰다. 이 사실은, 『희망의 원리(*Das Prinzip der Hoffnung*)』를 저술한 튀빙엔의 유대 철학자인 블로흐(Ernst Bloch)가 주장하듯이 '신학과 철학은 왜 악의 등급을 정하는데 실패했는가?'라고 문제 제기했다. 융엘도 이 문제를 아우슈비츠(Auschwitz) 이후 신학적 난제로 여겼다. 따라서 악에 대한 등급을 정하기를 원하는 요구에 반하여, 융엘은 종말론에 대한 관심에 집중했다. 그는 종말론을 창조주와 그의 창조 세계, 그리고 피조물과 피조물의 어우러짐의 완성이라고 이해한다. 융엘은 종말을 판넨베르크(Wolfhart Pannenberg)와 큉(Hans Küng)이 제시한 것처럼 최소한 불완전한 형태일지라도 하나님 나라와 같은 것이 이 땅에서 실현될 수 있는 것으로 보아야 한다는 주장을 받아들인다.

### 3) 폭력 찬성 아니면 반대?

히틀러(Adolf Hitler)의 독재정치와 세계대전의 혼돈을 경험한 융엘에게 정치신학은 어떤 의미였을까? 그는 튀빙엔으로 자리를 옮긴 후 바르트가 작성하고 폭력을 최후의 이성으로 보는 고백 교회가 1934년 발행한「바르멘 선언」을 따라 폭력의 문제를 신학적 논의의 중심에 둔다. 신학적으로 폭력을 허용할 수 있는가? 국가권력은 폭력적이어도 좋은가? 교회는 교회를 지키기 위해 폭력을 행사해도 좋은가? 히틀러의 독재정부 폭력을 저지하기 위해 폭력을 쓰는 것은 정당한가? 정당전쟁론만큼이나 논란이 되는 폭력의 문제를 융엘은 폭력을 행사하겠다는 협박을 해서라도 권리와 평화를 지켜야 한다고 외쳤다. 그러나 이러한 주장 속에는 많은 난제가 숨어있다. 특히 우리는 이러한 주장이 나치의 폭력 자제력 상실에 맞서 행해지고 있다는 것을 잊지 말아야 한다. 융엘의 입장에서는「바르멘 선언」에 권리와 평화와 함께 자유가 들어갔다면 더 좋았을지도 모른다.

융엘은 사회주의가 실질적으로 부정직한 구조였다는 데서 사회주의의 붕괴 원인을 찾는다. 그러면 그는 반사회주의자였던가? 그것은 결코 아니다. 융엘도 바르트처럼 결코 반사회주의를 옹호하지는 않는다. 다만 사회주의적 이상이 일종의 권력 정치에 의해 수행되는 부정한 방식을 거부했을 뿐이다. 메츠(Johann Baptist Metz)와 몰트만(Jürgen Moltmann), 그리고 죌레(Dorothee Sölle)가 정치신학을 논할 때, 융엘은 자신의 경험을 토대로 정치신학의 성공여부는 기독교 신앙이 진실을 말할 능력과 의무감을 끝까지 유지할 수 있느냐에 달려 있다

좌측부터 융엘, 죌레, 몰트만

고 주장하였다. 정치적 활동이나 교회는 진리의 산실이어야 한다는 공통의 목표가 있기 때문이다. 융엘은 죌레의 '신의 죽음의 문제'가 신학적인 문제라는 인식을 긍정적으로 받아들인다. 우리가 잘 알듯이 융엘은 '정치신학'과 일정한 거리를 두었다. 비록 이해가 잘 안 되는 대목이기도 하고, 또 거기에는 나름대로 여러 이유가 있을 것이다. 그 중에 하나를 소개하자면 다음과 같다. '정치신학'을 옹호하는 사람들은 자신들의 이론이 지나치게 추상적이지 않도록 구체적으로 실천화하려고 노력하지만, 융엘이 보기에 그들의 입장은 유럽적 상황에서 너무 추상적이었다. '교회와 신학이 과연 폭력을 정당화할 수 있는가?'에 대해 고심하는 융엘의 모습을 엿볼 수 있다. 우리는 이 문제를 히틀러의 폭력에 맞선 폭력은 허락되어야 한다고 생각했다가도 정치신학의 이념과는 거리를 두기도 하는 그의 이중적인 입장을 통해 알 수 있다.

그러나 그는 소위 제3세계의 치욕적인 사회 부정의와 남아프리카의 인종차별주의라는 상황에서 태동한 '해방신학'을 적극적으로 옹호한다. 그리고 그는 남아프리카의 인종별 거주지 구별 제도에 대해 깊은 수치심을 느꼈다. 그로 인해 기독교인은 생각이나 언어를 통해서뿐만 아니라 행동을 통해 부정의한 제도에 지항허도록 "허락되었고 요구받아야 한다"라는 점을 깨닫게 되었다고 한다. 정치신학과 해방신학을 지지했던 WCC 본부조차 루마니아의 상황에 대해서 마지막까지 외면한 것을 보고, 융엘은 그것을 '기독교의 치욕'이라 생각했다. 그렇다면 오늘날 이라크 위기에 대해서는 융엘은 어떤 입장일까? 이 질문에 대해 융엘은 다음과 같이 차분히 말한다. "폭력은 최후의 이성으로만."

융엘은 동독에서의 생활을 통해 사회주의의 가장 큰 폐단은 교회 탄압이 아닌 무신론의 강요였다고 보았다. 소위 '성서 텍스트가 우리에게 말하도록 위임한 하나님 말씀의 진리를 무신론을 강요하는 상황에서 어떻게 전할 수 있는가?'가 가장 중요한 문제였다고 그는 술회한다. 무신론을 강요하는 사회 속에서 살았던 그는 무신론을 단지 악마나 사이비 종교라고 규정하는 것으로 만족하는 것에 대해 지나치게 단순한 대응이라고 일축했다. 따라서 신학자는 "무신론이 주장하는 것보다 더 잘 무신론을 알아야 한다"라고 주장한다. 이러한 주장은 그의 주저인 『세상의 비밀인 하나님(Gott als Geheimnis der Welt)』에서 명확하게 언급되고 있다. 구약의 예언자들이나 신약의 사도들은 당대 세계의 신들을 부정했다. 그런데 바로 이것이 현대의 무신론이 번성할 수 있는 토대를 마련한 것은 아니었는가?

융엘은 죌레처럼 '신의 죽음'의 문제를 신학의 주제로 받아들인다. 그래서 그는 하나님을 죽음을 이기고, 극복한 하나님으로 이해한다. 또한 융엘은 무신론을 인간의 실존을 설명하는데 불충분한 것으로 간주하는 신학적 사고를 거부한다. 오히려 그는 무신론자를 무시하려는 신앙인이나 하나님을 통해 무신론을 극복하자고 주장하려는 사람들에게 무신론자들을 성숙한 이성적 인간(homo humanus)으로 간주해야 한다고 경고한다.

### 4) 융엘에 대한 평가

1999년의 그의 정년퇴임 강연 제목은 "50년의 신학적 실존"이었다. 융엘은 정년퇴임 후에 더욱 더 훌륭한 신학자요, 교회와 독일적인 정신을 실현한 사람으로 평가받고 있다. 기독교 신앙의 진리에 대한 물음에 대답하고자 노력하는 사람들은 융엘을 자주 인용한다. 그의 영향력 있는 여러 저서들과 논문들 그리고 설교 없이는 현재의 신학·교회적 시대는 아마도 존재하지 않았을지도 모른다고 그를 평가하고 있을 정도다. 그의 사상과 그에 대한 평가에 이의를 제기하는 사람들도 그의 책이나 논문에서 발견하는 그의 깊은 통찰력이나, 이미 잘 알려진 것들을 새롭게 조명하는 능력과 언어 마술사적인 표현방식에 놀란다.

그는 평상시에 많은 책을 쓰는 것을 원하지 않았다 한다. 그 대신 논문 한 편을 쓰려고 했고 글이 명확하고 논지가 분명한 논문을 쓰기 원했다. 결국 그의 논문들은 그런 평을 받고 있다. 그래서 어느 기자가 융엘에게 "쉽게 그리고 풀어서 설명하는 글보다는 적게 그러나 명확하게 쓰기를 원하느냐?" 물었을 때, 대답하기를 "나는 독일어가 병들지 않기를 원한다. 그렇다. 나의 문학적 괄약근(括約筋, Schließmuskel)은 아주 잘 기능한다"고 대답한 유명한 일화가 있다. 독일 신학회에 참석해 본 사람이라면 누구나 융엘이 말을 꺼내면 누구도 쉽게 반박하지 못한다는 것을 안다. 명확한 내용분석과 정확한 답변 그리고 명료한 언어표현은 혀를 내두를 정도다. 그러나 그가 하는 말들이나 책은 쉽게 이해되지 않는다. 그의 책들은 어렵기로 정평이 나 있다. 융엘의 책을 읽어본 사람이나, 특히 설교집을 읽어 본 사람들은 그가 얼마나 성경 구절의 단어 하나까지 신중히 여기는지 그리고 아주 자세히 해석하는지 놀랐을 것이다.

우리는 융엘을 통해 조직신학이 철저한 성서 해석이어야 한다는 것을 배운다. 오랫동안 융엘과 절친했던 크렛케 교수는 이런 예화를 소개했다.

크렛케가 세미나에 융엘을 초청했다. 발표와 토론이 진행되는 과정에서 융엘은 크렛케 교수의 발표문에다 "누구, 누구 목사의 설교를 인용하시면 안 됩니다"라고 써 놓았다. 크렛케 교수는 그 일을 잊지 않았다고 술회한다.

융엘의 수업에 참석한 사람들은 융엘에게 리포트를 제출하는 것이 쉽지 않았다고 한다. 또한 그의 철저한 분석과 지적에 놀랐다고 한다. 융엘에게서 논문 지도를 받아 학위를 받은 사람은 소수에 불과하다. 융엘은 자신의 박사 학위 논문인 『바울과 예수』과 같은 수준의 글이어야만 통과시켰다고 한다. 융엘의 정년퇴임을 앞두고 한 독일 일간지는 그를 '열린 눈을 가진 신비가'로 소개했다. 그의 설교집을 읽는 독자나 설교를 들어본 사람들은 이 말에 동감할 것이다. 융엘 자신도 설교를 준비하는 그 순간을 신비라고 표현한다. 그의 신비적 내향성의 호감을 알 수 있는 예화로 그가 종종, 내면으로의 여행을 노래하는 헤벨레와 플라이더의 카바레 이중주곡(schwäbisch Kabarett-Duo)을 중얼거린다는 점이다. (헤벨레 : "플라이더씨, 자기 자신 속으로 빠져 드세요!"/플라이더 : "내게는 너무나 먼 곳입니다.")

윙엘 신학에 대한 평가는 1985년의 웹스터(John B. Webster)의 『에버하르드 윙엘, 신학입문(*An Introduction to His Theology*)[2]』에서부터 시작된다. 이 책은 윙엘 신학의 첫 연구

---

[2] John B, Webster, *Eberhard Jüngel, An Introduction to His Theology*, (Cambridge, 1986). 기타 영어권에서의 윙엘에 대한 학위논문들을 소개하면 다음과 같다. Scott P. Frederickson, *The ecclesiology of God: The role of the divine congregation on the human congregation*, (Luther Seminary, 2001); Paul Jeffry DeHart, *Divine simplicity: Theistic reconstruction in Eberhard Jüngel's trinitarian 'Glaubenslehre'* (The University of Chicago, 1997); Arnold Victor Neufeldt-Fast, *Eberhard Jüngel's theological anthropology in light of his Christology* (University of ST. Michael's College, Canada, 1996); Andrea Toniolo, *The 'theologia crucis' in the context of the modernity: The relationship between the cross and modernity in the works of Eberhard Jüngel, Hans Urs von Balthasar and Georg Wilhelm Friedrich Hegel* (Pontificia Universita Gregoriana (Vatican City), 1996); Jonathan P. Case, *Disputation and interruption: Truth, trinity and the death of Christ in Wolfhart Pannenberg and Eberhard Jüngel* (Luther Seminary, 1995); Mark Christopher Mattes, *Toward divine relationality: Eerhard Jüngel's new trinitarian, postmetaphysical approach* (The University of Chicago, 1995); Roland Spjuth, *Creation, contingency and divine presence in the theologies of Thomas F. Torrance and Eberhard Jüngel* (Lunds Universitet, Sweden, 1995); Philip Gordon Ziegler, *Considering the rupture of the Holocaust: A recasting of Emil Fackenheim's conception of the Holocaust as absolute rupture with reference to the theology of Eberhard Jüngel* (University of ST. Michael's College, Canada, 1995); Luis Gregorio Pedraja, *Infinity in finitude: The Trinity in process theism and Eberhard Jüngel* (University of Virginia, 1994); Steven D. Paulson, *Analogy and proclamation: The struggle over God's hiddenness in the theology of Martin Luther and Eberhard Jüngel* (Lutheran School of

서이다. 독일어권에서는 파울루스(Engelbert Paulus)에 의한 1990년 『사랑 - 세상의 비밀, 융엘 신학의 형식적이고 실질적인 관점들(Liebe das Geheimnis der Welt: formale und materiale Aspekte der Theologie Eberhard Jüngel)』에서 토론하기 시작했다. 클리멕(Nicolaus Klimek)[3]은 1986년 형이상학적인 신 사상과는 반대로 예수 그리스도의 십자가를 통해 하나님을 사랑으로 이해하려고 시도했다. 이 같은 연구 결과 그는 '하나님의 본질은 사랑이고 단지 사랑으로만 묘사될 수 있다'는 주장은 성서적으로도 증명이 되지 않았고 사랑의 규정을 통해서도 증명할 수 없다고 비판했다. "그것은 특별히 신으로부터 진술되는 사랑 개념을 실제로 협소화시킨 것에 해당한다." 루터세계연맹과 로마 가톨릭 교황청의 칭의론에 대한 합동선언문이 발표된 이후로는 교회일치운동의 차원에서 칭의론에 대한 융엘의 저서가 활발하게 논의되고 있다.

---

Theology at Chicago, 1992); Faye Ellen, Schott, *God is love: The contemporary theological movement of interpreting the Trinity as God's relational being* (Lutheran School of Theology at Chicago, 1990).

3) Nicolaus Klimek, *Der Gott - der Liebe ist: zur trinitarischen Auslegung der Begriffs"Liebe" bei Eberhard Jüngel*(Essen: Die Blaue Eule, 1986).

## 2. 융엘의 주요 사상

이제 융엘의 주요 사상을 그의 주요 저서들을 통해 설명하고자 한다. 여기서는 그의 사상의 핵심들을 요약정리하겠다. 그 주제들을 자세하게 논의할 것이기 때문이다.

융엘 신학의 중심에는 기독론(그리스도), 삼위일체론(하나님), 인간학(죽음), 자연신학, 해석학(종교 언어) 그리고 칭의론 등이 있다. 기독론의 핵심은 하나님과 인간 예수의 동일화이다. 삼위일체론의 핵심은 루터의 십자가 신학에 근거한 하나님의 죽음이다. 인간학의 핵심은 예수 그리스도의 인간성, 특별히 십자가의 예수이다. 또한 자연신학의 핵심은 하나님의 자기 계시에 있다. 그리고 해석학의 핵심은 하나님의 말씀으로 오심이다. 마지막으로 칭의론은 세계루터연합과 로마 교황청의 칭의론 공동선언문에 대한 융엘의 입장 표명으로 루터의 원칙을 고수하고 있다.

중심 개념이나 용어를 통해 그의 사상의 특성을 설명하자면 다음과 같다. 언어적 존재로서의 인간성, 현실태보다 존재론적으로 우선하는 가능성, 신학적 인간학의 핵심인 관계 존재론, 복음의 정수인 예수 그리스도, 루터적인 존재와 행위의 구분, 교의학의 중심인 칭의론. 이런 핵심 주제들은 그가 쓴 『바울과 예수』(1962), 『하나님의 존재는 되어감 속에 계신다』(1965), 『죽음』(1971), 『세상의 비밀로서의 하나님』(1977) 그리고 『기독교 신앙의 핵심으로서 경건치 않은 자의 칭의에 관한 복음』(1998) 등에 나타난다. 또한 논문집으로 『사태에 이르는 도중의 길』(1972), 『상응: 하나님 - 진리 - 인간』(1980) 등에서 이 주제들을 찾을 수 있다.

『바울과 예수』의 핵심 논의 분야는 해석학이다. 융엘의 신학 사상은 20세기 초반의 두 신학적 거장과 사상들과의 조우로 형성된다. 바르트와 불트만이 바로 그들이다.

바르트의 『교회 교의학』은 융엘의 신론과 기독론적 인간학의 뿌리이다. 융엘은 불트만 계열의 학자들인 신 해석학자 푹스나 에벨링에게 신학적 해석학을 배웠다. 그 중심 개념은 시간과 언어이다. 시간 개념은 신약 성경의 종말론과 연결되어 있다. 언어 개념은 하이데거나 가다머처럼 도구적 언어 이론을 거부하고 아날로그나 비유 등을 성서의 고유한 언어 방식으로 채택했다. 융엘은 바르트 신학에 집중했다. 바르트는 성육신에 초점을 두었으나 융엘은 예수의 삶, 특히 십자가에 초점을 두었다. '예수가 우리를 위해 죽으시고 부활하셨다'는 사실이 바울 신학의 모토이다. 융엘은 이것을 그의 박사학위 논문의 주제로 삼았다. 바울이 말한바 대로 예수의 죽음과 부활은 우리에게 어떤 의미를 주는가? 융엘의 관심사는 이것을 해명하는 것이었다. 융엘은 공관복음의 비유와 바울의 칭의론의 관계를 푹스의 '언어사건' 개념을 통해 해석학적으로 설명하고 있다. 성서는 언어로 기록된 말씀으로써 '신약 성서 언어는 단순히 정보를 가지는 기호 구조가 아니라 실제적 현실 사건이고 인격으로 일어난다'고 보았다. 융엘은 바울 신학의 핵심을 칭의론으로 보고 바울의 칭의론과 기독론의 근본 관계를 밝히고자 했다. 기독론의 핵심은 역사 비평 연구를 통해 밝혀진 역사적 예수의 선포 속에 있는데, 예수는 비유를 통해 하나님의 나라를 선포했고, 하나님의 나라는 종말론과 관계한다는 것이다.

『하나님의 존재는 되어감 속에 계신다』라는 책에서 융엘은 바르트의 신론을 연구했다. 이 책의 부제 '칼 바르트의 하나님 존재에 대한 책임적인 말'에서 보듯이 그는 바르트가 말한 하나님의 존재를 해석하면서 바르트와 대립하기도 하고 동시에 바르트의 생각을 설명하면서 자신의 견해를 덧붙이기도 한다. 특히 이 저서는 독특한 저술 목적이 있다. 즉 당시의 신학적 흐름을 주도하던 바르트의 말씀 신학과 불트만의 실존론적 신학을 대립으로만 볼 것이 아니라 대화 가능한, 그래서 생산적인 통합을 산출할 수 있다고 보고 그 일을 시도하는 차원에서 저술한 것이다. 그러나 그런 시도는 당대에는 별로 흥미를 끌지 못했다. 아울러 바르트의 입장을 충실히 따르던 골비처(Helmut Gollwitzer)와 불트만의 입장에 서 있는 브라운(Herbert Braun)과의 논쟁에서 보듯이 첨예한 갈등과 이해 차이만 극명하게 드러냈다. 융엘은 양자의 입장을 비교 분석하면서 양자가 가지고 있는 하나님 이해를 위한 올바른 사고를 긍정하면서 동시에 문제점을 비판했다. 하나님의 존재 방식의 처소로 바르트의 '되는(Werden)' 개념을 융엘은 끄집어오지만, 융엘이 존재론화시키고 말았다는 후학의 비판과 '되는' 개념 대신에 '오는(Kommen)' 개념을 제안받기도 한다. 이 책에서 융엘은 '하나님 자신을 위한 하나님의 존재'와 '우리를 위한 하나님의 존재'는 동일하다는 주장을 편다.

융엘은 『죽음』이라는 저서에서 십자가와 부활의 결합을 강조하면서 신학적 인간학을 전개했다. 그러나 그는 자연신학을 거부한다. 자연신학에 대한 논쟁에 참여하면서 그는 판넨베르크와의 대화를 통해 판넨베르크와 자신 사이에 자연신학에 대한 견해 차이가 있음을 인정하면서 자연신학보다 계시신학을 옹호하게 된다. 이 책에서 그가 말하고 있는 핵심은 '살아계신 하나님의 죽음'이다. 하나님은 예수의 십자가의 죽음에서 자신과 예수와의 동일화를 이루셨다. 그러나 부활을 통해 하나님의 살아계심을 드러내셨다. 이 책은 칼 바르트의 『교회교의학 III/2, IV/1』과 라너(Karl Rahner)의 『죽음의 신학을 향하여(*Zur Theologie des Todes*)』 그리고 슈나크(Gerd Schunack)의 『죽음의 해석학적 문제(*Das hermeneutische Problem des Todes*)』 등의 영향을 받고 저술했다. 그는 죽음을 "삶의 관계를 완전히 파괴하는 관계 상실의 사건"이라고 정의하였다.

융엘은 『세상의 비밀로서의 하나님』에서 우리의 하나님 인식의 실재론적 한계를 지적한다. 즉 인간의 경험 영역을 통해 하나님에 관한 인간적 사고를 수행할 수 없다는 점을 명시한다. 그러면서 동시에 단지 '하나님의 자기 계시에 의해서만 하나님에 대한 인식이 가능하다'는 고전적 이론을 다시금 강조한다. '하나님의 죽음에 대한 담론(Bonhoeffer, Hegel)'이나 '하나님을 사고할 수 있음(Descartes, Fichte, Feuerbach, Nietzsche)' 또는 '하나님을 말할 수 있음(Barth)' 등은 해석학 이론에 기초하여 전개된다. 하나님이 인간 되심은 비밀이다. 하지만 이 비밀이 이야기되었다. 이 책은 근래에 독일어권에서 가장 중요한 신학적 작업 중 하나로 평가받고 있다. 이 책에는 신학의 과제, 즉 반드시 필요한 그러나 그 이상이어야 할 과제가 설정되고 있다. 그것은 다름 아닌 "하나님"에 대한 테마를 신앙의 관점에 기초해 정립하는 일이다. 이러한 신학의 과제는 교의학의 범위 안에서 그러면서 그 범위를 벗어나기도 하는, 논란이 되고 있는 '하나님'에 대해 근본적 성찰을 수행하고 있다. 바르트가 교의학을 수천 쪽을 할애하여 논증해 낸 것과 달리 윙엘은 550쪽 밖에 안 되는 이 책에서 그 과제를 충실하게 수행하고 있다. 이 책에서 윙엘은 가장 좋은 의미에서 고전적으로 가르쳐왔던 내용들을 정당화하고 바르트의 "하나님의 말씀신학"이나 하이데거의 언어이론 또는 본회퍼의 "하나님의 죽음의 신학" 등의 다양한 흐름 등을 받아들이면서 종합해 나가고 있다. 이 책 중에서도 우리가 가장 눈여겨보아야 할 장은 포이어바흐(Feuerbach), 니체(Nietzsche) 그리고 피히테(Fichte) 등과 연결된 근대 무신론과의 비판적인 대립 논쟁이다. '비판적이다'는 말은 윙엘이 무신론을 무조건 거부한 것이 아니라, 종교비판이 신학이나 신론과의 연관 하에서 전개될 수 있는지의 여부를 검토했다는 것을 뜻한다. 따라서 무신론의 도전의 핵심인 '신의 죽음'을 그들이 보지 못한 하나님의 사랑으로 해석하면서 "하나님은 그 스스로 죽은 예수와 동일한 분이시다"라는 문장으로 정리한다.

『기독교 신앙의 핵심으로 경건치 않은 자의 칭의에 관한 복음』에서 윙엘은 루터처럼 칭의론을 기독교가 넘어지기도 하고 세워지기도 하는 기독교의 중심교리에 위치시킨다. 칭의론은 오늘날 우리에게도 중요하며, 칭의론을 통해서야 인간과 교회를 올바로 이해할 수 있다는 것이다. 그는 '죄인은 행위가 아닌 은혜로만 의롭게 되며, 오로지 예수 그리스도를 통해서만 의롭게 된다'는 루터의 칭의론의 내용을 다시금 강조한다. 루터교회와 가톨릭은 칭의가 인간의 공로 때문이 아니라, 그리스도의 구원 행위에 대한 신앙을 통해 성취되는 삼위일체이신 하나님의 역사임을 합의한 합동선언문을 발표한다. 그러나 융엘은 이 합동선언문 속에 진정으로 포함되어 있어야 할 핵심 내용들이 합의되지 못하고 있다고 본다. '칭의론이 오늘날 우리에게도 여전히 중요하며 우리가 던지는 물음에 답을 주는가?', '루터교회와 가톨릭은 우리의 이런 물음에 대해 어떤 상이한 답을 주는가?', 그럼에도 불구하고 '합동선언문이 이 상이한 답들을 어떻게 하나의 공동 이해로 수렴하여 합의에 이르게 되었는가?' 융엘은 1999년에 발표된 로마 가톨릭과 루터교 세계연맹 사이에 체결된 공동선언문을 독일 개신교 신학자들과 종교 교사들이 거부하고 있는 상황에서 루터 정신이 훼손되지 않고 전개될 수 있는 에큐메니컬 운동의 가능성에 대해 탐구하고 있다.

# 3. 신학적 해석학

　융엘의 신학적 해석학에 관해 살펴보기 전에, 성서 해석학에 대한 이해가 있어야 한다. 성서 해석학에 대한 이해가 없이 신학적 해석학을 고찰하는 것은 의미가 없기 때문이다. 융엘은 성서 해석학을 어떻게 이해하고 있는가? 앞에서 설명했듯이, 하나님의 말씀을 신앙으로 받아들이는 것이 성서 해석학의 과제인가? 성서 해석학은 성서를 올바로 해석할 수 있는 이론적인 틀이다. 그렇다면 우리는 어떻게 해야 성서를 올바로 해석할 수 있을까? 지금까지 전통신학은 하나님의 말씀인 성서를 인간이 자의적으로 해석하는 것을 금하고 성령의 조명에 의해서 해석해야만 올바로 해석할 수 있다고 가르쳐 왔다. 그렇다면 성령이 인간을 깨닫게 하고 가르치는데 왜 해석자가 필요한 것일까?

　우리는 성서 해석학의 필요성에 답해야 한다. 그런데 그 답을 바로 예수의 말씀 속에서 발견할 수 있다. 즉, 예수 자신이 성서를 해석해 주셨기 때문이다. "예수께서는 모세와 모든 예언자로부터 시작하여, 성서 전체에 자기에 관하여 쓴 일을 그들에게 설명해 주셨다"라는 「누가복음」24장 27절의 말씀을 보자. 여기에는 '설명해 주셨다(διερμήνευσεν)'라는 단어가 있다. 여기서 'di'를 빼고 'e'에 강숨표를 붙이면 hermeneutics가 된다. 바로 이 Hermeneutics이라는 단어가 해석학으로 사용되고 있다.

해석학에 대해서는 다양한 이해가 있다. '해석학'에 대한 어원적 정의를 먼저 살펴보자. 그것은 일반적으로 '해석하다'로 번역되는 그리스어 명사 '헤르메네이아(hermeneia)'에서 보듯이, 사자신(使者神)인 헤르메스(hermes)와 관련되어 있다. 헤르메스는 이집트 신성문자의 신인 토드(Thoth)에서 기원하면서 토드와 동일한 역할을 한다. 원래 이집트 신 토드는 연금술(鍊金術)의 원조였다. 연금술이란 구리나 주석 등을 금이나 은 같은 귀금속으로 정련하는 기술이었다. 이 기술은 고대 이집트의 야금술(冶金術)과 그리스 철학의 전통인 원소(元素) 사상의 결합으로 생겨났다. 연금술은 물질의 연금에 그치지 않고 인간의 정신에서 '금'에 견줄만한 것을 찾아내는 일, 곧 해석하는 일의 중요성을 강조한다. 이 때 연금술사를 뜻하는 헤르메틱(Hermetic)이 헤르메스의 이름을 채용하고 있다.

## 1) 성서 해석학의 필요성

그러면 왜 성서 해석학이 필요한가? 우리가 어떤 문장을 읽고 해석하고자 할 때, 거기에는 두 가지가 전제되어야 한다. 첫째, 해석의 대상을 설명해야 하고, 둘째, 해석의 주체를 명료하게 제시해야 한다.

(1) 해석의 대상

우리가 무엇인가를 해석하고자 할 때에는 반드시 해석하고자 하는 대상, 곧 텍스트가 있어야 한다. 그렇다면 예수는 무엇을 텍스트로 삼아 해석했을까? 예수는 자신에 대해 해석해 주었다. 예수는 모세와 모든 예언자들로부터 시작하여 성서 전체에 근거해 자신을 해석해 주었다. 그런데 예수의 해석을 듣는 사람은 누구나 그의 해석을 다 알아들었을까? 그렇지 않다. 「누가복음」 24장의 사건에서 이 점을 발견할 수 있다. 두 사람이 예루살렘에서 25리 되는 엠마오라 하는 촌으로 가면서 안식 후 첫날 일어난 부활 사건에 대해 이야기를 나눈다.

안식 후 첫날 새벽에 여자들은 향료를 준비해서 예수의 무덤에 갔다. 그러나 그녀들이 도착했을 때, 무덤은 이미 비어 있었고 예수의 시체는 보이지 않았다. 근심에 쌓인 여자들 앞에 찬란한 옷을 입는 두 사람이 예수가 부활하여 살아나셨음을 전한다. 이 말을 직접 들은 여자들은 이 모든 일을 열 한 사도와 여러 사람들에게 알린다. 하지만 이 말을 들은 사도들은 그 사실을 전혀 믿지 않았다. 그러나 베드로는 무덤으로 달려가 그 말이 정말 사실인지 확인하고자 한다.

엠마오로 가면서 이런 사건을 이야기하는 두 제자에게 예수가 나타나신다. 예수는 그들과 함께 그 이야기를 나눈다. 하지만 그들은 그가 부활한 예수인지 전혀 알지 못한다.

예수는 그들에게 무슨 문제에 대해 이야기하는지 묻는다. 그들은 부활을 증언하는 여자들의 말을 들었지만 부활한 예수를 보지 못했다고 대답한다. 그 때 예수는 모세와 및 모든 선지자들의 글로 시작하여 모든 성경에 쓰여진 자기에 관한 것을 자세히 설명해 준다. 그런데도 그들은 그가 부활한 예수인지 전혀 알지 못한다. 그래서 성경은 그들을 "미련한 자", "모든 것을 마음에 더디 믿는 자" 또는 "눈이 가려져서 알아보지 못한 자"라고 칭하고 있다. 예수가 그들과 동행해서 성경을 근거로 자신을 해석하고 설명하며 풀어주었는데도 알지 못했기 때문이다. 그러다가 결국 그들은 날이 저물자 예수께 숙박을 요구했고 저녁 식사를 하다가 예수가 떡을 나눠주시자 "저희 눈이 밝아져 그인 줄 알아보게 되었다."

이 사건을 통해 우리는 정확한 해석의 문제가 중요하다는 것과 정확한 해석을 위해 또 다른 무엇인가가 필요하다는 사실을 알 수 있다. 제자들은 예수와 더불어 3년을 살았다. 그런데 어떻게 예수의 얼굴과 모습을 알아볼 수 없단 말인가? 더구나 부활 후 예수가 직접 자신을 해석해 주는데도 말이다. 결국 이들은 눈이 밝아진 후에야 예수를 알아보고 즉시 일어나 예루살렘으로 돌아가서 자신들에게 일어난 일을 다른 제자들에게 알린다. 그 자리에 있던 시몬 베드로도 예수가 부활했음을 증거한다.

그러나 그 자리에 예수가 홀연히 나타나 평안을 전할 때에 그들은 놀라 무서워하고 그 보는 것을 영으로 생각한다. 그러므로 예수께서 "내 손과 발을 보고 나인 줄 알라 또 나를 만져보라 영은 살과 뼈가 없으되 나는 있다"라고 말씀한다. 이때 그들은 너무 기뻐 "오히려 믿지 못하고 기이히 여긴다."

이처럼 제자들이 예수를 알아보지 못하는 상황이 전개된다. 제자들은 예수를 왜 알아보지 못했을까? 그 원인을 알면 우리는 예수를 알아 볼 수 있을 것이다.

첫째, "눈이 가려졌다"(16절)는 무엇에 붙잡혀 있는 또는 폐쇄되어 있음을 나타낸다. 그렇기 때문에 그들은 예수를 잘 알지(ἐπιγινώσκω) 못했다. 우리는 어떤 대상을 눈앞에 보고 있으면서도 무엇에 붙잡혀서 그것을 내가 찾는 그 대상으로 인식하지 못하는 경우가 있다. 이처럼 제자들도 예수가 눈앞에 있는데도 그를 예수로 인식하지 못한 것이다. '눈이 가려졌다'는 말을 다음과 같이 해석할 수도 있다. 즉 무엇에 붙잡혀 있어서 또는 폐쇄되어 있어서 그 이상을 바라보지 못하는 경우다. 예를 들면 제자들도 예수가 십자가에 죽은 사실을 도저히 받아들일 수 없었을 것이다. 또한 그 충격에 휩싸여 있어서 그 다음의 문제를, 즉 부활한 예수에 대해서는 생각조차 못했을 것이다. 따라서 그들에게는 부활한 예수가 관심 밖이었을 수도 있다. 하지만 그들은 도대체 무엇에 붙잡혀 있어서 부활한 예수를 보지 못했을까? 이 문제는 다음 사항과도 연결되어 있을 것이다.

둘째, "미련한(ἀνόητος)"(25절)이라는 개념이 온다. 이것은 원래 '이해할 수 없는' 또는 '어리석은' 등의 뜻이 있다. 어떤 대상을 만나면서도 그 대상이 무엇인지 알지 못하는 이유는 미련하기 때문이다.

셋째, 예수를 보고도 올바로 알지 못하는 경우는 "마음에 더디(βραδύς) 믿기"(25절) 때문이다. 여기서 '더디'라는 단어는 정신적으로 태만한 상태를 말한다. 우리가 어떤 대상을 잘 알기 위해서는 정신을 집중하고 관심을 다른 데 두지 않아야 한다. 그런데 사람들은 살아가면서 많은 일들을 처리하다보니 그 일에만 집중할 수 없어서 그 대상을 올바로 인식할 수 없을 경우가 있다. 물론 선천적으로 잘 집중하지 못하고 늘 정신상태가 산만해 어떤 대상을 올바로 인식하지 못하는 사람도 있다. 그러나 본문은 그런 뜻으로 사용되지는 않았다. 본문은 정신을 집중할 때만 우리가 인식하고자 하는 대상을 올바로 인식하는 길이 가능하다고 말하고 있다. 머리가 똑똑해 주위가 산만해도 잘 기억할 수 있다고 말하는 사람도 있다. 이 때 정신을 집중한다는 말은 분위기가 시끄럽고 산만한 곳에서의 몰입이 아니다. 조용한 도서관에 앉아 공부를 하면서도, 즉 눈은 책을 보고 있으면서도 생각은 다른 곳에 있어서 무엇을 읽었는지 알지 못하는 경우가 있다. 이처럼 책의 사실을 정확하게 알고 그것을 기억하기 위해서는 정신을 집중해야 한다. 그런데 그렇지 못하는 경우를 생각해 보면 본문의 상황을 정확하게 설명할 수 있을 것이다. 예수를 보고 있으면서도 부활한 예수에 대해 생각과 관심을 모으는 것이 아니라, 전적으로 다른데 신경을 쏟는 것이다. 예를 들면 부활한 예수를 보았다는 여자들의 말에 제자들 중 몇 명이 무덤에 달려갔더니 예수의 시체는 없고 그러니 죽은 예수가 어디로 갔을까 등의 이런 문제에만 신경을 쏟는 것이다. 그래서 눈앞에 바로 그 예수가 있는데도 그를 부활한 예수로 인식하지 못한 경우가 생기는 것이다.

넷째, 특히 38절에 의하면 "마음에 의심을($διαλογισμός$)" (38절)하면 예수를 보고도 부활한 예수로 인식할 수 없다. '마음에 의심한다'는 말은 무엇 때문에 그렇게 되었는지 이유를 알고자 하여 그 일을 숙고하면서 이모저모를 살펴보면서도 그 사실을 의심하는 경우를 말한다. 부활한 예수를 눈앞에서 직접 보고 있는데도, 즉 예수의 부활을 말하는 여자들이나 베드로의 확인 그리고 엠마오로 가던 자들의 증언을 들은 나머지 사람들이 모여 자기들은 보지 못했다고 그 사실을 의심하는 그 때에 예수께서 친히 그들 가운데 서서 그들에게 평강을 전한다. 예수를 본 사람들은 두려워 떨면서 예수를 부활한 육체를 가진 존재로 생각하지 않고 영으로만 생각한다. 그러나 부활한 예수는 육체를 입었다. 영은 살과 뼈가 없다. 그러나 예수는 육체를 입으시고 직접 구운 생선을 잡수셨다. 앞에 전개되는 사실조차도 인정하지 않고 의심을 하면서 부정하는 경우가 바로 이 경우이다.

그러면 이렇게 앞에 있는 대상조차도 의심하여 부정할 때에, 어떻게 하면 그 대상을 올바로 인식할 수 있을까? 우리가 그 대상을 직접 체험해 보아야 올바로 인식할 수 있다. 예를 들어 제자들은 부활한 예수를 보고도 의심하거나 영으로만 생각해 두려워하고 예수를 부정하려 했다. 이런 상황에서 예수는 자신을 직접 "만져보라"라고 말씀한다. 직접 '만져본다'는 말은 감각적인 시각으로 사물을 보는 것이 아니라, 사물에 대한 법칙만이 존재하는 곳에서 인식되고 납득된다는 뜻이다. 헬라어 kai hidete가 원래 그런 뜻이다. 즉 손과 발을 '본다'는 말은 시각이다. 사람은 사물을 인식하는 가장 직접적인 지각 방식은 시각이다.

시각에 의해 파악되는 대상은 촉각의 대상들로 나눠진다. 예를 들어 내가 달을 볼 때, 시각의 대상으로서의 달은 중천에 있을 때보다는 지평선에 있을 때 더 크게 보인다. 그러나 촉각의 대상으로서의 달은 크고 작게 보이기보다는 선명하고 밝게 보인다. 여기서 시각의 대상으로서의 달은 마음 안에 있지만, 촉각의 대상으로서의 달은 마음 밖에 위치한다고 할 수 있다.

이처럼 직접적인 지각 경험을 통해 예수를 인식하는 방식이 가장 확실한데도 예수를 알아보지 못한 것은 문제이다. 그러나 더 큰 문제는 "모세의 율법과 선지자의 글과 시편의 기록"을 통해서 자신의 존재를 증명해 보였는데도 깨닫지 못하다가 마음(nous, 이성)을 열어 성경을 이해하고 나서 깨닫게 되었다는 점이다.

「요한복음」 14장에 따르면, 보혜사 성령은 "모든 것을 가르치고 모든 것을 생각나게 한다." 이 말씀에 의지해 초대 교회에서부터 지금까지 성령이 임해야만 성서를 올바르게 해석할 수 있다고 가르쳐 왔다. 그러면 성령이 가르치고 생각나게 하면 됐지, 왜 또 다른 해석자가 필요한 것일까? 「고린도전서」 2장 11절에 의하면 우리가 하나님의 일을 이해하기 위해서는 하나님의 영을 소유해야만 한다. 또한 우리 앞에 있는 모든 일을 이해하기 위해서도 하나님께로부터 온 영을 받아야만 한다. 이 구절에 의해 우리가 앞으로 성서를 해석할 때 지켜야할 가장 중요한 원칙 중 하나는 하나님의 일은 오직 하나님의 영만이 안다는 사실이다. 즉 성령을 소유한 사람만이 성서를 이해할 수 있다. 더구나 「요한일서」 2장 27절은 성령의 기름 부음을 받은 그리스도인들에게는 선생이 필요 없다고 말해준다. 그런데도 해석학이 필요하고 해석학을 가르치는 일이 왜 우리에게 중요한가? 과연 누구에게 해석학이 필요한가? 성서를 올바로 이해하기 위해 필요한 요건은 도대체 무엇인가? 요한은 「요한복음」 7장 17절에서 사람이 하나님의 뜻을 행하려 하면 이 교훈이 하나님께로 왔는지 아닌지를 알아야 한다고 말하고 있다. 또한 시편 기자에 따르면, 우리가 성서를 올바로 이해하려는 목적이 "나로 깨닫게 하소서 내가 주의 법을 준행하며 전심으로 지키"(시 119:34)는 것임을 말하고 있다. 베드로는 "알기 어려운 것"을 "억지로 풀다가" 멸망에 이르게 된다고 「베드로후서」 3장 16절에서 강하게 경고하고 있다.

(2) 해석의 주체

해석하는 주체가 누구냐에 따라 해석의 대상, 또는 텍스트를 잘 해석할 수도 있고 잘못 해석할 수도 있다. 심지어 예수가 설명하고 해석해줘도 이해하지 못하고 알아듣지 못하는 예를 이미 앞에서 살펴보았다. 그러나 해석을 듣는 주체가 누구냐에 따라 그리고 어떤 자세로 듣느냐에 따라 잘 이해하기도 하고 잘못 이해하기도 한다. 「히브리서」 기자는 5장 11절에서 "너희는 듣는 것이 둔하므로 해석하기 어렵다"라고 해석의 어려움을 지적하기도 했다. 따라서 열린 귀가 있어야 해석을 이해할 수 있다.

또 다르게는 다음과 같은 이유들 때문에 성서를 올바로 이해하지 못하는 경우도 있다. 즉 성서가 진리라고 믿지 않기 때문에 성서를 이해하지 못할 수도 있다. 또는 성서의 의미를 올바로 알려고 노력하지 않기 때문에 성서를 이해하지 못하는 경우도 있을 것이다. 하나님의 말씀을 신뢰하지 않거나 이해하려고 노력하지 않는 사람은 하나님께서 말씀하신 것을 충분히 이해할 수 없기 때문에 신앙의 성숙이 더딜 것이다. 그러나 우리는 「디모데후서」 2장 15절에 따라 하나님의 말씀을 "옳게 분변하여 부끄러울 것이 없는 일군으로 인정받아 자신을 하나님 앞에 드리기를 힘써야" 한다. 따라서 우리는 성서를 올바로 이해하기 위해 노력해야 한다.

그러나 성서에 대한 올바른 태도나 노력만으로 성서 말씀을 올바로 이해하는 것은 아니다. 잘못된 방법 때문에 그르게 이해할 수도 있다. 탁월한 성서 해석자가 되기 위해서는 올바른 성서 해석방법 이외에 또 다른 노력이 필요하다. 성서는 여러 문헌 양식으로 구성되어 있다. 따라서 법을 전공하는 사람들이 법 해석학을 배우듯이 「로마서」와 같은 법전을 다룰 때면 법 해석학에, 역사를 전공하는 사람들이 역사 해석학을 배우듯이 「역대기 상」과 「역대기 하」와 같은 성서를 대할 때면 역사 해석학에 조예가 있어야 한다. 그러면 오늘날에는 어떤 성서 해석방법들이 있는가?

## 2) 성서 해석방법들

성서 해석에는 여러 방법이 있다. 성서를 해석하는 방법들을 다음과 같은 특징을 통해 구분해 볼 수 있다. 무엇보다도 저자와 저자의 세계에 중심을 둔 방법과 텍스트와 텍스트 세계에 중심을 둔 방법, 그리고 독자와 독자의 세계에 중심을 둔 방법이 있다. 저자와 저자의 세계에 중심을 둔 방법들은 융엘의 스승인 불트만이 주창해서 활성화된 이론이다. 독자와 독자의 세계에 중심을 둔 방법들은 최근의 독자반응비평가들이 옹호하고 있는 이론인데 융엘과는 거리가 멀다. 그러나 텍스트와 텍스트의 세계에 중심을 둔 방법들은 융엘이 활동하던 시기의 관심사였다. 그러나 융엘이 사용한 성서 해석방법들이 꼭 텍스트와 텍스트의 세계에 중심을 둔 방법만이라고 할 수 없다. 따라서 각 해석방법들의 특징을 설명하고자 한다.

첫째, 저자와 저자의 세계에 중심을 둔 방법들

방법은 여러 가지로 나누어진다. 예를 들면 역사 비평적 방법이나 사회 역사적 주석들 그리고 역사적 심리학과 고고학적 방법들이다. 역사 비평에는 문헌 비평과 양식 비평 그리고 편집 비평이 있다. 문헌 비평이란 성서 문헌이 성립된 시기와 저자들의 상황이 여러 편집과정에서 불명확하기 때문에 본래의 자료를 찾자는 운동이다. 문헌 비평은 먼저 저작의 연대를 분명히 정하고 저자를 정확하게 규정하려고 애쓴 다음 원 저작과 편집을 구분하기에까지 이르렀다. 다시 말하면, 문헌비평은 성서 문헌이 기록된 시기의 문학적 특징들을 연구하여 성서 원본을 찾으려는 노력이다.

양식 비평이란 성서 본문이 기록되기 이전에 구전되어 오던 이야기가 어떤 형태였는지, 어떤 의미가 있었는지 탐구한다. 본문의 의미는 말하는 자의 삶의 자리이든, 저자의 삶의 자리이든, 듣는 자의 삶의 자리이든 나름대로 고유한 삶의 자리와 분리될 수 없다. 그리하여 텍스트가 기록된 원래의 삶의 자리를 찾아 그 본래 의미를 찾아야 한다. 그렇다면 어떻게 그 삶의 원래 자리를 찾을 수 있는가? 원래의 삶의 자리를 찾았다 하더라도 기록된 삶의 자리와 상충되면 어떻게 할 것인가? 우리에게 전승된 것은 기록된 전승인데, 그렇다면 무엇이 우선성을 가져야 하는가?

편집 비평은 저자가 여러 자료를 편집하는 과정에서 자료를 수정, 삭제 그리고 첨가하여 최종 본문을 기록했다고 본다. 따라서 편집자의 의도를 해석하고 찾는다. 그렇다면 저자의 편집 의도를 어떻게 알 수 있는가?

저자와 저자의 세계에 중심을 둔 방법들은 무엇보다 해석의 대상이 무엇인지 정확하게 알아야 접근이 가능하다. 해석하는 사람은 먼저 문장이나 단어 또는 텍스트가 말하고 있는 대상이 무엇인지 올바로 알아야 한다. 우리가 본문의 모든 단어의 의미를 알고 있어도 그 본문이 무엇을 말하고 있는지 전혀 모를 수도 있다. 그러한 경우에 보편적으로 결핍된, 대상에 대한 정확한 인식이 필요하다. 이럴 때 우리는 「이사야 53장에 고난 받는 종에 대한 부분을 읽던 이디오피아인 독자가 빌립에게 질문하던 것과 같은 질문을 하게 된다. "청컨대 묻노니 선지자가 이 말한 것이 누구를 가리킴이뇨 자기를 가리킴이뇨 타인을 가리킴이뇨."(행 8:34) 이디오피아인은 단어는 알고 있었지만 그 정확한 대상이 무엇인지에 대해서는 전혀 감을 잡지 못했던 것이다.

또는 「요한복음」 6장 53절에서 "인자의 살을 먹지 아니하고 인자의 피를 마시지 아니하면 너희 속에 생명이 없느니라"라고 하신 것이 무엇에 대해서 말씀하고 계신가? 요한은 주님의 만찬에 대한 제정을 기록하지는 않았다. 그런데 이 말씀은 만찬의 주제에 대한 인식을 요구하고 있다. 복음서에서의 '살'은 성육신을, '피'는 예수의 죽음을 의미했다.

마찬가지로 바울이 「고린도후서」 10장과 13장에서 반대하고 있는 것이 무엇인지를 이해하기 위해서는 「고린도후서」 11장 13절의 '다른 영'을 받고 '다른 복음'을 받아들이고 '다른 예수'(4절)를 전파한 '거짓 사도'의 정체를 분명히 밝혀내야 한다. 이러한 '큰 사도들'(고후 11:5)은 영지주의자들이었거나 아니면 자기들의 신학적 창작물로써 바울을 우롱하려 했던 기적을 행하던 헬라파 유대인들이었다. 그러나 우리는 '바울이 무엇에 대해 말하고 있는지, 이 큰 사도들은 누구인지?' 먼저 물어야만 한다. 제자들은 예수의 말씀을 듣고 말씀하신 바가 무슨 뜻인지 물었다. 우리는 제자들이 말씀의 의미가 무엇인지 몰라 물었는지, 또는 말씀하고자 하는 대상이 무엇인지 몰라 묻고 있는지 알아야 한다.

그러나 이러한 저자와 저자의 세계를 이해하는 데 중점을 두는 방법들은 저자를 부정하거나, 새로운 익명의 사람을 저자로 내세운다. 아니면 저자의 세계를 새롭게 구성하는 일을 한다. 그러나 이런 일은 저자나 저자의 세계를 변형시킬 수 있다는 단점이 있다.

둘째, 텍스트와 텍스트의 세계에 중심을 둔 방법들

이 방법들은 텍스트의 의미와 텍스트가 지시하는 세계를 알고자 하는 해석이다. 이 해석방법들은 저자와 저자의 세계를 이해하는 데 중점을 두는 방법들과의 관계 속에서 발전한다. 즉 저자와 저자의 세계를 이해하는 데 중점을 두는 방법들을 통해 저자를 부정하거나, 새로운 익명의 사람을 저자로 내세우거나 저자의 세계를 새롭게 구성하는 등 전적으로 저자나 저자의 세계를 변형시켜 버린 것에 대한 반성으로 일어났다. 즉 성서라는 텍스트는 하나의 세계를 형성하고 있다는 생각을 하게 된 것이다. '텍스트는 그 자체로 이미 닫힌 세계이고 그 자체로 기능하는 전체다'라는 것이다. 특별히 텍스트는 언어의 세계이기 때문에 해석자는 텍스트의 세계인 언어의 세계를 따라 의미를 재구성해야만 한다. 아무리 저자와 저자의 세계를 재구성하더라도 텍스트가 말해 주는 세계를 벗어날 수 없고, 텍스트의 세계를 기준으로 하지 않는다면 무엇이 기준이 될 수 있느냐고 생각하게 되있다. 그러나 이 방법은 텍스트와 텍스트의 세계 이외의 세계를 인정하지 않으려는 약점이 있다. 우리는 본문의 의미를 알기 위해서 본문이 언급하고 있는 대상뿐만 아니라 본문의 의미까지 알아야 한다.

우리는 종종 말하는 사람의 의도를 정확하게 읽지 못해 그 사람이 말한 바를 놓치는 경우가 있다. 텍스트의 경우에도 저자의 의도를 알아야 한다고 생각하는 사람이 있을 것이다. 예를 들면 「마가복음」을 읽는다고 치자. 「마가복음」 속에 언급되고 있는 것을 알려면 마가의 의도를 알아야만 한다고 생각한다. 그러나 죽고 없는 마가의 의도를 어떻게 알 수 있단 말인가? 본문은 작가의 의도와 분리되어 있다. 본문은 작가가 의도했던 바에 국한될 필요가 없이 본문이 말하고자 하는 모든 것을 의미한다. 우리는 일반적으로 텍스트의 의미를 텍스트 저자의 의도라 생각하고, 저자의 의도를 어떻게 올바로 알 수 있는지를 해명하는 일에 관심을 가졌다. 그러나 텍스트의 의미는 저자의 의도를 초월한다. 그러므로 이해는 재생이 아니라 새로운 생산 활동이다. 따라서 해석자는 저자의 의도를 알기 위해서 애쓸 것이 아니라 텍스트가 말하고 있는 세계를 밝히려고 노력해야 한다. 어떻게 그런 일이 가능한가? 그것은 우리가 저자가 남겨놓은 본문 속에서 찾을 수밖에 없다. 저자가 무엇인가를 말하기 위해 사용한 단어나 구 또는 문장을 분석하거나 새롭게 배열함으로써 저자의 의도를 재구성해 볼 수 있을 것이다. 예를 들면 저자는 그의 글이 문자 그대로 이해되어야 할 것인지, 아니면 은유나 비유 또는 상징이나 알레

고리 등으로 이해되어야 하는지를 결정한다. 「마가복음」 10장 25절에 나오는 "약대가 바늘귀로 나가는 것이 부자가 하나님의 나라에 들어가는 것보다 쉬우니라"에서 저자의 의도는 무엇인가? 이 구절은 예수 당시의 부자들에게만 적용되는가? 아니면 시대를 막론하고 부자들에게 적용되는가? 「마가복음」 7장 6절에서 "이사야가 너희 외식하는 자에 대하여 잘 예언하였도다"라는 예수의 말씀은 이사야가 자기의 사후 칠백 년이나 지난 후의 청중에게 직접 설파한 것은 아니지만, 당대 사람들뿐 아니라 예수 당시의 사람들에게도 똑같이 적용되기 때문이다. 그가 역설한 진리는 수백 년의 시간 장벽을 넘는다.

본문의 의도를 말할 때 우리가 중시해야 할 사항은 성서에는 하나님의 의도가 있다는 사실이다. 이때 우리는 성서에 나타난 하나님의 의도가 인간 저자의 의도와 동일한 것인지 아닌지를 따져봐야 한다. 우리는 하나님의 의도가 사람의 의도와 동일하지 않은 경우를 요셉의 경우를 들어 설명할 수 있다. 요셉은 "당신들은 나를 해하려 하였으나 하나님은 그것을 선으로 바꾸셨다"라고 「창세기」 50장 20절에서 말한다. 또는 「이사야」 10장 5절과 11절에 따르면, 앗수르인들은 이스라엘을 멸망시키려 했지만, 하나님은 그들을 하나님의 징계의 도구로서만 사용하셨다. 그러나 우리는 하나님이 의도한 의미가 인간 저자가 의미한 것에 제한된다고 생각해서는 안 된다. 저자는 계시와 역사가 진전되는 과정에서 구체화 될 상세한 내용을 잘 알고 있을 필요는 없다. 그에게 요구되는 것은 가까운 미래와 장래에 의도된 것에 대한 적절한 이해뿐이다.

셋째, 독자와 독자의 세계에 중심을 둔 방법들
독자가 어떤 텍스트를 해석하고 이해할 때, 가장 중요한 요소가 무엇인지에 대한 생각에 따라 그 해석은 여러 유형으로 나뉘진다. 텍스트를 이해할 때 저자와 저자의 세계가 중요하다고 생각하여 저자와 저자의 역사와 문화를 연구하는 경향이 있었다. 그러나 저자는 죽고 없기 때문에 독자에게 남겨진 것은 텍스트뿐이므로 텍스트가 말하고 있는 의미와 지시 세계를 연구하는 경향도 있었다. 따라서 이제 전적으로 저자나 텍스트를 떠나 텍스트를 읽는 독자에게 관심이 옮겨졌다. 독자에게 중심을 둔 이 방법은 독자가 텍스트를 읽고 텍스트의 의미를 밝혀내고 밝혀진 의미를 독자 자신의 삶의 세계 속에서 적용시키려 한다.

예를 들어 「마태복음」 5장~7장에 나오는 산상수훈은 분명 독자에게 중심을 두는 방법에 아주 타당하다. 초대 교회나 중세 때는 모든 사람들을 위한 일상윤리 차원에서 산상수훈을 이해하지 않았다. 이때는 특수 계층, 예를 들면 수도사들을 위한 엘리트 윤리로 여겼다. 예수는 하나님의 나라와 관련해 산상수훈을 말씀하셨다. 하나님 나라가 멀지 않고 이미 도래했기 때문에 산상수훈을 하나님 나라의 윤리라고 해석하기도 했다. 산상수훈을 한 가족 단위에 타당한 개인 윤리로 파악한 경우와 달리 정치적 책임을 요구한 것으로 본다면 이것은 전적으로 혼돈이다. 특히 두 왕국론과 그리고 비스마르크가 산상수훈을 정치적 차원에서 해석한 경우에서 보듯이, 또 다르게는 '원수를 사랑하라'는 경우에서 산상수훈은 죄인에게서는 쉽게 파악할 수 없는 은혜를 요구한다.

독자와 독자의 세계에 중심을 두는 해석방법들에 있어서 독자가 누구냐에 따라 텍스트의 의미가 달라질 수 있다. 따라서 독자의 해석이 중요하다. 달리 말하면 독자의 해석 능력 또는 성향에 따라 본문의 의미가 결정된다. 따라서 텍스트의 저자나 텍스트 자체가 중요하지 않게 된다. 그럼에도 독자와 독자의 세계에 중심을 둔 이런 방법들은 독자의 역할을 중시한다는 점에서 큰 장점이 된다. 그러나 동시에 약점으로 작용할 수도 있다.

### 3) 신학적 해석학과 철학적 해석학

융엘의 신학적 해석학에 대해 올바로 이해하려면, 철학적 해석학의 강력한 영향을 고찰해야 한다. 철학적 해석학은 크게 두 방향에서 전개된다. 그 두 방향은 슐라이어마허와 딜타이로 대변되는 인식론으로서의 해석학과 하이데거와 가다머로 이어지는 존재론으로서의 해석학이다. 융엘은 하이데거와 가다머의 말씀 해석학에 많은 영향을 받았다. 그러나 하이데거와 가다머의 철학적 해석학이 기원하고 있는 슐라이어마허와 딜타이의 철학적 해석학부터 설명해야 할 것이다. 그래야 이해가 쉽다.

① 슐라이어마허

슐라이어마허는 전승되어 오던 규범적 해석학(성서 해석학, 문헌 해석학, 법률 해석학)을 철학적 해석학으로 통일하고, 그것을 보편적 해석학이라 칭했다. 보편적 해석학이란 신학적 해석학이나 문헌 해석학 그리고 법률 해석학 등을 철학적 제 원리에 근거를 두어 해석학을 체계화하는 것이다. 그는 해석학을 문헌학의 한 분과로 여겼기 때문에, 해석학을 문자로 기록된 말을 이해하고 해석하는 기술로 정의한다. 그는 구체적인 기술로 두 가지를 제안했다. 어떤 기록된 텍스트를 이해하고자 할 때에는 먼저 우리가 그 텍스트가 말하고자 한 바를 잘 해석할 수 있어야 한다. 그는 이러한 작업과 관계되는 기술을 '기술적 이해'라고 했다. 따라서 어떤 이해 기술이 객관성이 있는지 관심을 기울이게 되었다. 따라서 우리는 그 이유 때문에 그의 해석학을 인식론적 해석학이라 부른다.

그는 해석을 문법적 해석과 심리적 해석으로 나누었다. 그러나 문법적 해석과 심리적 해석이 아주 다른 것은 아니다. 우리가 어떤 작품을 해석하고자 할 때, 문법적 해석과 심리적 해석은 결국 같은 이해를 목적으로 하기 때문이다. 그러면 독자로서 해석자인 우리는 어떻게 작품의 의미를 올바로 이해하고 해석할 수 있을까? 그는 어떤 작품을 '따라 형성함(Nachbildung)'이라고도 하고, 다른 곳에서는 '자기를 타자 안에 옮겨놓음(sich in anderen versetzen)'이라고 한다. 그러나 이것은 사실 너무 심리적인 이해의 경향이 강하다. 그래서 딜타이는 슐라이어마허의 해석학을 객관성의 영역 안으로 끌어들였다.

슐라이어마허는 저자의 의도를 찾는 해석 작업을 해석학의 과제로 설정했으나, 그 작업이 열려 있다고 보았다. 따라서 어떤 해석자가 내린 해석의 결론이나 의미 결정이 너무 일방적인 방식으로 해석자의 주관이나 심리적인 면에 치우지지 않았는지 따져 보아야 했다. 따라서 잘못된 주관주의에 대한 대처가 필요하게 되었다.

② 딜타이

그런 차원에서 딜타이는 슐라이어마허의 이해방법이 너무

심리적이라 비판하면서 진리에의 개방성이 이해 자체의 완결이나 도달 불가능성을 함축한다고 보았다. 따라서 '이해의 객관성'을 보증하는 역사적 이해로 관심을 돌렸다. 딜타이는 그의 스승인 슐라이어마허의 사상을 계승 발전시켰지만 슐라어마허와는 달리 해석학을 문헌학의 한 분과로 보기보다는 정신과학의 방법론으로 체계화하고자 했다. 그 이유는 당시 학문의 분위기가 실증주의 영향으로 객관성을 추구했기 때문이다. 그는 해석학을 모든 정신과학의 학문적 토대가 된다고 생각했고, 그 조건을 충족시키기 위해 해석학의 객관성을 중심 주제로 과제로 설정했다. 그는 『해석학의 기원』(1900)에서 실증주의와 자연과학의 방법론을 정신과학의 방법론으로 채택할 수 없다고 보았기 때문에 이해를 통한 정신과학의 방법론을 해석학 속에서 세워나간다. 따라서 그는 이해 개념을 철학의 작업 안에서 정신과학의 방법론으로 체계화하는 과제를 안게 되었다. 결국 그는 '우리는 자연은 설명하지만, 정신적인 것은 이해한다'라는 명제를 만들어 냈다.

③ 하이데거

하이데거는 과학적 진리를 정당화 해주는 방법보다 존재를 이해하는 문제, 곧 존재를 향한 개방인 이해 문제로 관심을 돌렸다. 그리고 존재의 역사성을 정당하게 알고자 하는 과학의 정신에서 벗어나 해석자가 해석 대상에 오히려 속해 있다는 존재론적 귀속성 개념이 중요하다고 강조했다. 하이데거에 따르면, 이해는 현존재의 능력 속에 있는 존재양식이지 방법이 아니다. 따라서 이해 자체가 생겨날 수 있는 가능구조를 해명하는 데 관심을 두었다.

하이데거는 이해를 더 이상 방법론으로 생각하지 않고 현존재의 존재양식이라고 보았다. 따라서 이해 자체가 생기게 되는 존재론적인 구조를 밝히고자 했다. 인간은 누구나 어떤 텍스트를 해석하고자 할 때, 그 텍스트에 대해 이미 가지고 있던 선(先) 이해구조에 의해서 이해한다. 그래서 하이데거는 이해의 선구조(Vorstruktur)가 무엇인지 설명하고자 한다. 그것은 해석자가 이미 가지고 있었던, 또는 이미 보았던 그리고 이미 가지고 있었던 것으로 이것들에 의해 텍스트를 이해한다는 것을 깨닫게 된다. 그리하여 그의 스승이었던 훗설이 사태 자체에 올바르게 이르기 위해서는 이런 것들을 괄호 안에 놓고 그 본래적인 것을 보아야 한다고 한 말을 부정하게 된다. 사태 자체는 칸트가 물 자체라 하여 인식할 수 없다고 했던 것이다. 그런데 훗설은 사태 자체의 현상을 객관적으로 기술하여 그 사태의 본질을 직관함으로써 가능성을 찾았다. 그러나 하이데거는 그것이 사실은 불가능하다는 것을 안다. 그러면 이해의 선구조는 무엇인가? 이것을 설명해야만, 하이데거가 그렇게도 이것을 강조하는 이유를 알게 될 것이다.

첫째, '미리 가짐(Vorhabe)'이라는 이해 구조가 있다. 예를 들어 어느 대장장이가 망치를 손에 들고 낫을 만들고 있다고 하자. 그는 이미 자기가 손에 들고 있는 망치가 무엇을 하는 데 사용되는지 망치의 목적을 잘 알고 있다. 물론 대장장이는 그 사실을 잊어버리고 일할 수도 있다. 망치가 도구이긴 하지만, 무엇을 만들기 위한 목적에 사용되고 있음을 알아내는 것이 바로 '미리 가지고 있음'에 의해 규정되는 이해이다. 하이데거는 그렇게 해서 이해된 것을 자기 것으로 만드는 것이 해석이라고 보았다.

둘째, 해석은 '미리 본 것(Vorsicht)'에 근거한다. 어떤 것을 이해하려고 하면, 그것을 이미 보았거나, 그것이 드러나야 그것을 이해할 수가 있다. 그 드러난 것을 자기 나름대로 바라보게 된다. 미리 가짐에 의해 이해된 것을 자기 나름대로 바라봄으로써 자기 것으로 만드는데, 이것이 바로 이해이다.

셋째, 이해는 이미 '미리 잡고 있었던 것(Vorgriff)'의 구조다. 미리 잡음이란 이미 가지고 있었기 때문에 가능했던 이해나 미리 봄으로써 얻는 이해를 개념적으로 붙잡음으로써 파악된다. 그런 의미에서 이해는 미리 잡음에 근거한다. 어떤 것을 어떤 것으로 이해하려면 이와 같이 미리 가짐, 미리 봄, 미리 붙잡음이 있어야 한다.

④ 가다머

하이데거의 제자였던 가다머는 하이데거보다 더 철저하게 이해를 존재론적인 사건으로 보았다. 그래서 그는 그의 주저의 제목을 『진리와 방법』이라 하여 해석학이 진리를 탐구하는 학문이지만, 결코 방법론이 아님을 제시했다. 이러한 가다머의 철학적 해석학은 융엘의 스승들인 푹스나 에벨링의 신해석학의 이론적 근거를 제공한다. 가다머의 생각을 철저하게 지킬 것 같으면, 이해가 정당한 이해냐고 논쟁하면 할수록 생산적이지 못한다. 오히려 그는 이해를 단지 학문의 관심사일 뿐만 아니라, 인간의 세계 경험의 전체에 해당하는 것이라고 보았다. 따라서 이해 사건 자체의 발현 구조를 밝히고자 했고, 그것이 다름 아닌 언어 사건이라고 했다. 결국 그는 언어, 곧 로고스의 생기(Ereignis) 구조에 관심을 갖도록 촉구했다. 가다머에 따르면, 이해는 결코 주관성의 행위가 아니고, 언어라는 전승사건 속으로 들어가는 것, 곧 과거와 현재를 매개하는 역사행위이다. 따라서 가다머는 이해의 역사성을 해석학의 원칙으로 보았다. 그래서 그는 이것을 영향사 의식이라고 한다. 이제는 해석자의 현재의 지평과 텍스트의 과거의 지평이 이해 과정 안에서, 즉 영향사 의식 안에서 지평의 융합을 이룸으로써 이해가 생기게 된다.

가다머는 해석학만이 철학에게 자연과학의 방법적 지배로

부터 도피처를 제공할 수 있다고 확신하고 종래의 문헌학적·신학적 해석학의 전통을 새롭게 개진한다. 가다머는 철학적 해석학을 제창하고 이해라는 현상을 깊이 연구하여 이해는 결코 인식론적 기술이나 방법이 아님을 밝힌다. 이해는 그 자체가 주관성의 행위로 생각될 수 없고 전승사건 속으로 들어감 즉, 과거와 현재를 매개하는 행위로 생각해야 한다. 가다머의 철학적 해석학의 가장 큰 특징은 '적용' 개념에서 드러난다. 이해 속에서는 이해할 수 있는 텍스트를 해석자의 현재 상황에 적용하는 것과 같은 무엇인가가 늘 일어난다. 적용은 이해와 해석처럼 해석학적 과정을 통합하는 핵심부분이다. 가다머는 텍스트와 해석자 사이에서 적용의 개념이 작용한다고 보았다.

 문헌 해석학이나 법률 해석학 그리고 신학적 해석학을 묶는 밀접한 상호귀속성은 적용을 모든 이해를 통합하는 계기로 인정할 것이냐에 달려있다. 법률 해석학이나 신학적 해석학은—법문을 판결하거나 말씀을 선포하는 설교의 경우에서 보듯이—그것을 해석의 구체적인 순간에 적용해 봄으로써 그 의미를 규정하려는 긴장이 있기 마련이다. 법이 역사적으로 이해되는 것을 원하지 않듯이, 적용을 통해 법의 유효성을 구체화시켜야 한다. 마찬가지로 종교적 선포 텍스트도 단순한 역사적 자료로서만 파악해서는 안 되고, 구속의 영향을 주는 것으로 이해해야 한다. 이 두 경우에 텍스트를, 그것이 법전이든, 구속의 선포든, 정당하게 이해해야만 한다면 즉, 텍스트가 지향하는 요구에 부응해야 한다면, 모든 순간 곧, 모든 구체적인 상황에 새롭게 이해해야만 한다. 여기서 이해는 이미 적용이다. 그렇지만 우리가 정신과학에서 하는 이해는 본질적으로 역사적이라는, 다시 말하면 텍스트가 매번 다르게 이해되는 곳에서만 텍스트가 이해된다는 인식에서 출발해야 한다.

이해는 방법이 아니라, 일어나는 사건이고 역사성의 속성이 있기 때문에 완결이 아닌, 끊임없는 진리를 향한 개방성의 특성이 있다.

융엘은 하이데거의 존재 사건의 발현으로서의 로고스를 들어야 하는 이해사건의 특징을 잘 이해하고 있었다. 그리고 가다머가 더욱 심화시킨 언어의 존재론을 푹스나 에벨링을 통해 자신의 이론 안으로 끌고 들어왔다. 언어가 갖는 여러 이해 방식들을 철학을 통해 배우게 되었고, 언어가 불러일으키는 존재의 현현에 눈을 뜨게 되었다. 더구나 철학적 해석학 이론이 그의 스승인 바르트의 말씀 신학과 같은 관심의 분야임을 깨닫도록 말씀 신학을 해석학의 차원에서 심화 발전시킨다. 우리는 이것을 본 장의 서두에서 이미 논했다.

## 4) 융엘의 신학적 해석학

융엘 신학의 핵심은 해석학에 기초하고 있다. 해석학은 전적으로 하나님의 말씀을 해석하는 일과 관계해야 한다. 융엘의 신학적 해석학은 그의 신학 스승인 불트만, 푹스, 에벨링에 기초하고 있다. 바로 불트만의 양식사와 푹스와 에벨링에 의한 신 해석학의 전통에 기초한다. 이들의 해석학은 하이데거의 존재론적 해석학에 기초하고 있다. 따라서 융엘의 신학적 해석학 역시 당연하게 하이데거의 존재론적 해석학에 기초한다. 특히 다음과 같은 몇 가지 점에서 그러하다.

첫째, 하이데거는 "은유적인 것은 다만 형이상학적인 것 안에서만 존재한다"[4]라는 문장을 통해 전통 존재-신-론(onto-theologia), 곧 은유와 존재론의 뿌리가 같음을 설명한다. 형이상학과 은유의 어원을 따져보면, 은유(Meta-Phor)나 형이상학(Metaphysics)은 같은 접두어(Meta-)를 가진다. 이 때 접두어 'Meta-'는 전이(transference)를 뜻한다. 즉 형이상학은 가시계(可視界)에서 비가시계로의 전이이고, 은유는 고유한 의미에서 다른 의미로의 전이이다. 철학은 존재(ousia)를 주제화했는데, 그 존재는 은유를 통해 드러난다. 은유를 통해 드러난 존재는 결국 은유의

---

4) Martin Heidegger, *Der Satz vom Grund*, (Pfullingen, 1957), 89쪽

진리 문제와 분리될 수 없이 연관된다.

둘째, 하이데거는 은유의 진리를 로고스 이론의 중요한 속성으로 이해했다. 일반적으로 그는 언어를 정보매체로만 이해하는 것을 반대한다. 언어, 즉 로고스는 단순한 정보전달이 아니라 존재를 발현하게 한다. 과학적으로 엄밀한 언어만이 진리에 도달할 수 있는 유일한 의미론적 수단이라는 의미론적 실증론자들의 주장과 달리, 상징적 또는 은유적 언어에 진리가 의미 있다고 하이데거는 보았다. 은유의 의미가 진리를 담고 있다는 것도 중요하지만, 은유가 지시하고 있는 대상, 곧 존재에 대해서도 관심이 있어야 한다. 그런 의미에서 은유의 진리 문제는 바로 은유의 지시 문제임을 이해할 필요가 있다. 이때 은유는 문장에서 주어와 동사 사이에서만 논의되어서는 안 되고 동사의 부정과도 관련해 고찰되어야 한다. 융엘은 "하나님은 사랑이시라"(요일 4:16)라는 구절을 통해 이를 설명한다. 주어인 하나님이 동사인 사랑은 아니지만, 하나님을 사랑으로 보는 것, 즉 하나님의 본질을 사랑으로 보는 것이다. 그래서 융엘은 삼위일체 하나님을 사랑의 하나님이라고 말하게 한다. 하나님을 말하고자 할 때, 하나님의 존재와 본질이 동일해야 진리이론을 충족시킨다. 하나님의 존재와 본질의 동일성은 십자가의 사랑으로 증명된다는 것이 융엘의 생각이다. 그러면 지금부터 융엘이 말하는 은유이론을 체계적으로 살펴보자.

(1) 이야기 신학 : 은유

윙엘은 리쾨르(Paul Ricoeur)와 함께 『은유(Metapher)』[5]라는 책을 내면서 '이야기 신학을 위한 해석학적 기여'라는 부제를 달았다. 윙엘의 이야기 신학의 핵심은 성서 담론 중 이야기 문학 유형이 고유한 언어 양식으로 존재한다는 것이다. 이야기 신학은 왜 필요한가? 이미 불트만은 20세기 과학시대에 살고 있는 사람들에게 성서의 중요성을 강조하기 위해 비신화론을 주창했다. 이처럼 윙엘은 예수의 이야기를 상실한 현대인들에게 예수의 이야기를 다시 들려주어야 한다고 생각한다. 그러기 위해서는 이야기를 다시 이야기해야 한다. 이야기의 특성에 따르면, 이야기는 이야기된 것의 진리에 의존하게 된다. 이야기의 반복성은 이야기의 사실을 알게 한다. 그리고 그 사실을 중시하게 만들며 동시에 우리의 상황에 적용하게 한다. 그래서 윙엘은 이야기 속에서 하나님을 생각해야 한다고 말한다.

윙엘에 따르면, 이야기 신학의 과제는 하나님 존재의 근본

---

[5] Eberhard Jüngel, 'Metaphorische Wahrheit. Erwägungen zur theologischen Relevanz der Metapher als Beitrag zur Hermeneutik einer narrativen Theologie', in: Paul Ricoeur & Eberhard Jüngel, *Metapher. Zur Hermeneutik religioser Sprache*, (München, 1974).

개념을 전개하는 것이다. 다시 말해, 인간학적 상응을 펼치는 것이 세계에 대한 하나님의 비밀을 이야기하는 신학의 과제다. 이야기하는 사람이, 어떻게 하나님의 통치로부터 이야기된 사람과 이야기하는 사람에 대하여 이야기할 수 있는가? 이것이 이야기 신학의 핵심 질문이다. 이 물음은 결국 하나님 존재의 물음을 이야기가 묻는다는 것을 함축하고 있다. 하나님의 인간성을 잘 규정하기 위한 전제는 하나님이 스스로 이야기되어야 한다. 하나님의 인간성은 자신을 세계 안으로 이야기하면서 이끄신다.

언어로 세계 속에 오신 하나님은 은유로 자신을 말씀하신다. 따라서 융엘은 "은유가 성서 언어의 고유한 양식이다"라고 하면서 이것을 은유의 언어사건이라 칭한다. 세계 속에 오신 하나님과 예수 그리스도로 세계 속에 오신 하나님에 관한 담론으로서의 기독교 신앙 언어는 특별한 방식에서 은유적이다. 은유는 하나님의 말씀 속에서 특별한 기능을 한다. 은유는 현실을 새롭게 기술하고 존재를 새롭게 발견하게 하는 기능이 있다. 그런 이유 때문에 융엘은 은유에 관심을 기울인다. 즉 은유는 예수 그리스도를 새롭게 발견하도록 한다. 따라서 은유의 가치를 발견한 아리스토텔레스가 논한 것처럼, 은유가 발견하는 현실이나 존재는 결코 논리성을 배제하지 않으면서도 해석에 의해 그것을 새롭게 볼 수 있는 가능성을 내포하고 있다.

원래 은유는 일상 언어의 특별한 표현 방식이다. 예를 들면 '아킬은 사자이다'라는 은유 문장은 'A는 B이다'라는 형식을 취하면서도 실제로는 A는 B가 아니다. 그러면서도 동시에 A는 B처럼(like B), 또는 B로(as B) 해석된다. 은유 문장은 이와 같이 세 가지 특징이 있다. '그리스도는 포도나무니'와 같은 문장은 은유 문장이다. '그리스도는 포도나무니'라는 문장에서 'A(그리스도)는 B(포도나무)'라는 표현형식이지만 실제로 A(그리스도)는 B(포도나무)가 아니다. 그러면서도 그리스도를 포도나무로 해석한다. 이 때 B(포도나무)를 문자 그대로 받아들여서는 안 되고, 그 이상의 어떤 것으로 보아야 한다. 따라서 그 무엇을 생각해야만 한다. 그 무엇은 존재이다. 융엘은 바울의 「로마서」 8장 3절을 들어 이를 설명했다. "죄를 인하여 자기 아들을 죄 있는 육신의 모양으로 보내어 육신에 죄를 정하사" 이 말씀은 존재의 사건으로, "기독론적 은유의 언어 사건"[6]이라 한다.

금세기 들어 은유 이론을 재론하기 시작하면서 은유가 가리키는 포인트를 잘 찾아내야 한다고 말한다. 은유적 담론에 대한 해석학의 보편성에 기초할 때 신앙 언어의 포인트는 분

---

[6] Eberhard Jüngel, *Zur Freiheit eines Christenmenschen. Eine Erinnerung an Luthers Schrift*, (München, 3. Aufl. 1991), 44쪽 이하.

명히 새로운 의미의 영역 속에 있다는 것이다. 그것을 융엘은 종말론적인 새로운 의미라 했다. 융엘은 말씀으로 세상 속에 오시는 하나님의 고유한 언어 양식을 은유라고 보았다. 따라서 은유는 하나님의 존재를 계시하는 매체가 된다. 또한 은유는 새로운 존재를 계시할 뿐만 아니라 의미를 산출한다. 융엘은 그 의미를 종말론적 의미라 한다. 그는 특별히 비유 연구를 통해 존재의 의미가 종말론적 포인트 속에 있다고 말한다. 융엘에 따르면, 은유가 존재를 새롭게 발견할 때의 그 발견이 논리성뿐만 아니라 개연성에 근거해 수행된다. 다시 말해서, 존재의 새로운 발견은 해석에 의해 가능하다. 앞에서 우리가 은유를 정의했듯이, 은유는 존재를 '~로서' 구조에 의해 존재의 의미를 해석한다. 결론적으로 말해서 존재는 은유로 해석된다.

(2) 신앙의 유비

우리는 유비 없이 하나님의 존재를 책임 있게 기술할 수 없다. 유비에 기초한 신학적 인간학은 전통적으로 존재유비였다. 칸트(Immanuel Kant)는 하나님의 이념을 경험으로 기술할 수 없다고 했다. 왜냐하면 하나님은 결코 직관적으로 표상되지 않기 때문이다. "우리가 세계를 그렇게 직관할 필요가 있다고 말할 때, 비록 그 세계가 높은 오성과 의지의 일이더라도, 나는 실제로 그 이상을 말할 수 없다. 내가 시계나 배와 같은 것들과 관계하는 그 이상을 말할 수 없다."7) 그러나 하나님은 현상 방식에 따라 인식되어야만 한다. 왜냐하면 모든 인식은 경험과 연관되어 있기 때문이다. 칸트는 이 난제를 유비를 통해 해결하려 했다(1975, 359). "다만 심지어 모든 체험된 이성 사용의 한계가 있는 신에 대한 담론은 유비에 따른 인식 규칙을 따른다."8) 전통 신학도 유비를 통해 신을 인식해 왔다. 그러나 융엘은 유비가 신앙의 눈에 의해서만 타당한 것이지 이성의 지각력에 해당하지는 않는다고 말한다.9) 그 때 신앙의 유비 속에서 보면 인간의 말이 하나님에게로 가까이 가는 것이 아니라, 하나님이 말씀 속에서 인간에게로 가까이 오시는 것이다.

융엘은 바르트를 따라 존재유비가 아니라 신앙의 유비를 통해 하나님을 인식할 수 있는 가능성을 설명한다. 바르트는 안셀무스가 도식화한 존재유비 대신에 신앙의 유비를 제안했다. 그 이유는 신앙의 유비가 학문으로서의 신학을 가능하게 하는 조건과 관계한다면, 존재유비는 신학적 형이상학의 원칙으로 작용되기 때문에 유비 관계가 신앙의 유비의 의미에서

---

7) Immanuel Kant, *Prolegomena*, 23쪽 A 175쪽
8) 위의 책, 23쪽 A 176쪽
9) Jüngel, *Zur Freiheit enies Christenmenschen.* 40쪽

만 이해될 수 있다고 보았기 때문이다. 바르트의 유비 이해의 원칙에 의하면, 인간 예수의 존재는 모든 비유의 존재 토대이고 인식 토대이다. 다시 말하면, 유비의 근거 위에서만 신학적 인간학이 가능하게 된다. 윙엘은 바르트를 따라 유비를 신학적 인간학을 가능하게 하는 토대라고 본다.

윙엘은 유비와 신학적 인간학의 관계를 다섯 가지로 설명한다. 첫째, 하나님과 인간 예수의 관계는 하나님의 존재 안의 관계들에 상응한다. 둘째, 인간 예수와 모든 인간의 관계는 인간 예수와 하나님의 관계에 상응한다. 셋째, 모든 인간관계는 인간 예수와 모든 인간의 관계에 상응한다. 넷째, 모든 인간관계는 하나님의 존재와 본질관계에 상응한다. 다섯째, 또 다른 질서 관계들은 영혼과 몸 사이의 인간 존재의 구조 속에 있는 질서 관계에 상응한다.

윙엘은 더 나아가 유비를 신학적 인간학을 위한 상응으로만 이해하지 않고 창조와 약속 그리고 자연과 은총의 관계들의 문제에도 적용한다. 자연과 은총의 상응 관계는 가능한 가능성과 가능했던 가능성의 문제로 전개된다. 창조와 약속에 부가함을 표현하는 가능한 가능성과 가능했던 가능성의 관계는, 하나님 자신이 자신에 대해 '예'라고 밀하기 때문에 하나님은 이 '예'를 자신의 피조물에 대해서도 '승낙한다'는 사실에서 찾게 된다. 그는 이 '예'를 말씀 사건으로 이해한다. '예'는 말씀(요 1:1)이다. 「고린도후서」(1:18-21)에 따르면, 하나님의 '예'는 고유한 표현 방식이다. 우리는 이 '예'를 철저하게 말씀으로, 신앙의 유비를 신앙의 말씀으로 이해한다. 신앙의 유비는 인간의 말과 말씀의 상응이다. 윤엘에 따르면, 유비 없는 하나님에 대한 책임 있는 담론은 없다.

### (3) 하나님 나라의 통치 : 비유

예수는 비유를 통해 하나님 나라의 통치를 선포한다. 비유는 우리를 예수 선포의 중심으로 이끌며 동시에 선포자의 인격성, 예수의 비밀을 가르쳐 준다. 하나님의 통치에 대한 선포는 예수의 선포에서 예수의 비유 담론의 언어 사건으로 일어난다. 그러나 예수의 비유의 언어 사건은 하나님과 예수 자신과의 관계를 간접적으로 언표한다. 그리고 하나님의 통치가 예수의 비유 속에서 가까운 하나님의 통치로 언표 되는 동안, 하나님의 통치는 하나님의 미래를 인간의 현재와 관계시킨다. 하나님의 나라는 종말론적 시간 속에서 이해되어야 한다. 율리허(Adolf Jüllicher)는 아리스토텔레스의 『수사학』에 기초하여 비유론을 설명했다. 아리스토텔레스는 비유를 구상부와 내용부로 구분하고 비유와 알레고리를 구분했다. 그러나 윤엘이 보기에, 율리허는 비유의 핵심을 종말론과 연결시키지 않았다. 그것을 연결시킨 사람이 바로 불트만과 바르트이다. 불트만은 실존론적 종말론을 말하면서 '삶의 자리'를 강조한 양식사에 의존해 "매 순간이 종말론적이다"라고 주장한다. 또한 바르트의 초월론적 종말론에도 "영원한 지금"만이 있을 뿐이다. 불트만은 역사적 현재의 관점에서 종말을 논의하지만, 미래를 배제하고 말았다. 바르트 역시 역사성을 배제한 종말을 말하였다. 다드는 이들에 반대하여 실현된 종말론을 강조한다. 그러나 융엘이 보기에는 이것 또한 무시간적 종말론일 뿐이었다. 융엘은 다드가 예수의 비유 속의 선포를 하나님 나라의 오심에만 두었고, 결국 비유 자체의 언어 형식에 대한 깊이 있는 통찰에는 이르지 못했다고 보았다. 이를 직시한 사람이 푹스다. 특히 그는 비유의 언어사건 개념으로 이를 설명한다. 예수는 비유 속에서 비유로 하나님의 나라를 선포한다. 먼저 불트만의 비유 이론부터 살펴보자.

불트만은 버터필드(H. Butterfield)의 『기독교와 역사』(1950)라는 책에 있는 "매 순간이 종말론적이다"라는 구절을 즐겨 인용했다. 불트만은 역사의 의미를 현재에 두고, 이 현재가 기독교의 신앙에 의해서 종말론적인 현재로서 파악될 때에 역사의 의미가 실현된다고 보았다. 그는 영원한 순간을 인간학적으로, 그리고 실존론적으로 해석했다. 불트만은 하이데거 사상의 영향 아래 있었다. 그는 종말론적 순간을 철저한 결단을 촉구하는 결단의 순간, 곧 달력의 시간과는 아무런 관계가 없는 실존 앞에 서 있음의 순간으로 이해한다. 다시 말해 영원한 지금과 영원한 미래로 이해한다. 그러나 현존재는 시간적이고 역사적이다. 불트만에 따르면, 진정한 자기 이해는 항상 자기를 각각의 자기로 이해하고 내가 '지금' 속에서 결정하는 것이었다. 따라서 영원하신 하나님에 대해서 말해야 한다면, 그것은 순간 속에서 인간의 언어로 말해야 한다.

융엘은 불트만의 이러한 입장을 명백하게 거부한다. 즉, 그는 불트만이 순간을 현재로 본 것에 대해, 순간을 과거와 미래를 함께 연관하여 생각해야 한다고 제안한다. 융엘은 불트만의 문제점을 옳게 보았다. 그리고 융엘은 불트만에게서 순간은 지금 결정이고 이 결정을 위한 부름을 드러내는 언어는 객관적이어야 한다고 생각했다. 융엘은 불트만이 강조한 결정적 순간의 자기 이해가 기독교 선포의 특성을 무시할 수 있는 위험성을 내포하고 있음을 목도한다. 그러면 융엘이 이해하는 비유는 어떤 특성이 있을까?

첫째, 예수는 하나님의 통치를 선포한다(막 1:15; 마 4:17). 예수는 비유 속에서 하나님 통치의 임박성을 선포한다. 하나님의 통치는 종말론적 개념이다. 케제만의 "사(史)는 종말론적 기능을 가진다"라는 역사적 예수에 대한 명제로 시작되는 융엘의 논문 「예수의 말씀과 하나님의 말씀으로서의 예수—기독론의 문제를 위한 해석학적 기여」에 따르면, 하나님의 통치가 가까이 왔음은 시간적 가까움으로서 하나님의 통치의 미래적 오심을 표현한 것이다. 미래에 일어난 사건이지만 현재 역사 속에 하나님이 가까이 임하셨음을 뜻한다. 그렇다고 해서 미래가 현재에 억류된 것은 아니다. 오히려 현재를 새롭게 포함한다. 하나님의 시간은 우리로 하여금 새로운 시간, 즉 진정한 미래를 지속하게 한다. "진정한 미래를 지속하게 한다"라는 말은 미래를 허락했다는 뜻이다. 미래를 허락함으로써 하나님께서 가까이 오셨다는 것은 십자가와 부활에서 드러난다.

둘째, 그러나 예수의 비유의 언어 사건은 하나님과 예수 자신과의 관계를 직접적으로 언표한다. 지금까지 비유는 단순히 비교로 이해되어 왔다. 그러나 불트만 이후로 비유가 단순한 비교가 아니라 말하고자 하는 한 포인트가 있다는 사실을 중시하도록 촉구했다. 그래서 융엘도 비유는 "사태에 포인트를 두는 것이 아니라, 사태에 대한 태도나 입장에 포인트를 두어야 한다" (1962, 128)에 강조점을 둬야 한다고 말한다. 사태 자체보다 사태에 대한 입장, 즉 사태에 대한 해석에서 비유의 포인트를 찾고자 한다. 우리는 보통 예수의 비유가 주는 포인트를 하나님의 통치라 생각한다. 그러나 융엘은 하나님 통치를 그 포인트가 듣는 자신에게 불러일으키는 사건에다 둔다 (1975, 401). 이 역사를 이야기하는 동안 듣는 인간은 포인트를 세우게 된다. 이 포인트와 더불어 하나님의 통치는 비유 자체 속에서 듣는 인간에게 도착한다. 이러한 근거에서 예수의 비유가 비유의 포인트로부터 윤곽을 그린 것을 파악하는 것, 즉 해석하는 것이 중요하다.

셋째, 하나님의 통치가 예수의 비유 속에서 가까운 하나님의 통치로 언표 되는 동안, 하나님의 통치는 하나님의 미래를 인간의 현재와 관계시킨다. 융엘은 다음과 같이 말했다. "우리는 하나님 통치가 가까이 왔음을 연대기적 시간 이해에서부터 규정해서는 안 된다. 왜냐하면 이것은 예수의 시간 이해와 일치하지 않기 때문이다. 하나님의 통치가 시간 속에 실존하는 나로부터 나의 지금과 거리를 가지는 것으로 측량될 수 있는 시공 안에 자리를 제시하시는 예수의 시간 이해에 모순되기 때문이다"(1975, 130) 하나님은 역사의 시작이면서 끝이다. 성서는 이를 하나님은 알파와 오메가라 표현한다. 키에르케고어는 하나님의 통치의 시간을 종말론적 시간이라 했고 바르트는 이것을 자신의 책에서 인용했다. 융엘도 자신의 책에서 이 내용을 수용한다. 그러면서 하나님의 통치를 통치의 시간 속에서 이해하고자 한다. 즉 하나님의 통치는 종말론적 사건으로서 예수의 선포 속에서 성취되는데, 그것은 결코 무시간적으로가 아니라 시간과 연관된 현상으로 이해한다. 그 시간 연관 속에서 영원한 하나님의 통치가 자기 자신에게 시간적으로 내재한다. 하나님의 통치가 가까이 임했음은, 그 미래의 시간을 예수의 말씀 속에서 이미 말해진 하나님의 통치의 시간과 동일한 시간임을 지각하게 만든다.

(4) 신학적 해석학과 종말론

윙엘은 하나님 나라의 통치를 종말론적 사건으로 이해한다. 지금까지 우리는 윙엘의 신학적 해석학이 성서 언어의 고유성과 특수성에 눈을 돌리고 있었음을 추적했었다. 또한 성서 언어 중에서도 비유를 통한 하나님 나라의 통치를 종말론적으로 바라보는 것의 중요성과 의미를 고찰했다. 윙엘이 볼 때 비유 해석학은 종말론과 뗄 수 없는 밀접성이 있다. 따라서 이제는 종말론에 대한 자세한 고찰이 필요하다. 종말론은 바르트에 의해 신학의 핵심 주제가 되었다. 이는 윙엘에게도 마찬가지이다. 바르트는 종말을 시간 개념을 통해 사고하도록 촉구했다. 그러면 우리는 왜 시간 개념을 통해 종말론을 고찰해야 하는가? 그것은 바로 존재하는 모든 것은 시간 속에서 존재하기 때문이다. 또한 시간 역시 신학의 중심 주제이고 모든 학문 분야의 경계선을 뛰어넘는 영원한 화두이기 때문이다. 지금까지 시간의 본질에 대한 규정들이 많았으나 통일된 의견이 없었다. 그럼에도 우리는 시간이 어떻게 우리의 삶과 사고방식을 지배해 왔고, 어떻게 시간에 대한 인식의 변화가 역사에까지 영향을 미쳤는지 물어야 한다.

우리는 종말론을 단순하게 시간과 역사의 종말에 관한 이론으로만 이해해서는 안 된다. 종말론을 참된 목적과 성취에 관한 이론으로 확장하여 이해하고 전개해야 한다. 왜냐하면 그것은 시간과 역사가 지향해야 할 참 목적을 제시하고 세계를 변화시키는 내적 동인으로 작용하여 주어진 현실의 절대화를 거부하고 미래를 향하여 그것을 개방시키는 역사의 원동력이 되어야 하기 때문이다. 일반적으로 사람들은 종말론을 세계의 끝남에 대한 이론으로 여겼다. 그러나 세계의 마지막 때에 일어날 일(eschaton)을 주제로 하는 종말론에는 두 가지 개념이 있다. 따라서 이를 잘 구분해 사용해야 한다. 종말론에는 시간 속에 존재하는 모든 것의 끝이 대재난과 파멸이라는 소멸(*annihilatio*)을 뜻하는 말세적인 세속적 종말(*finis*)과 시간과 역사의 성취요, 목적으로서 새로움(*novum*)의 가능 근거인 기독교 종말(*telos*)이 있다. 전자가 직선상의 연대기적 시간상을 따라 과거적인 것으로부터 되어져 가는 미래(future)를 중시한다면, 후자는 궁극적인 미래로부터 현재로 온다(advent). 기독교의 종말은 새로운 창조를 강조한다. 그런데 종말의 사건은 이미 그리스도 안에서 강림했다고 본다. 그런 의미에서 융엘도 판넨베르크와 마찬가지로 역사 속에 이미 강림한 종말을 말한다. 그러나 판넨베르크가 성서에 없는 묵시문학에 기초한 예비적인 선취 개념에 근거하여 설명해 나가는 일에 대해서 윙엘은 거리를 취한다.

이처럼 종말론은 기독교 신학의 핵심이다. 그런데도 많은 사람들이 너무 자의적이고 주관적인 판단으로 종말론에 대해 일방적으로 말하고 있다. 따라서 우리는 종말론에 대해 학문적으로 올바르게 말할 의무가 있다. 교회 또한 종말론에 대해 올바르게 인식하고 종말론의 참 의미를 바로 깨달아야 한다. 이 요구를 충족시키기 위해 사태에 맞는 신학적 인식이 필요하다. 그리고 이러한 신학적 인식의 필요성의 단초를 제공한 사람이 바로 바르트다. 특히 윙엘의 설교집에는 이런 촉구들이 많이 들어 있다.

"기독교는 전적으로 종말론이다. 종말론은 더 이상 부록 속에 있지 않다"라는, 칼 바르트가 말한 신학 일반을 위한 새로운 종말론적 근본 범주는 종말론적인 시간 경험과의 관계를 고려해 볼 때 그 자체 안에 커다란 어려움을 내포하고 있었다. 바르트에 따르면, 계몽주의 이래로 자명해진 종말론적인 진술들의 필연성과 그 의미가 그리스도와 연관 속에서 궁극적인 타당성을 얻기 위해서는 새로운 해석이 있어야 한다. 종말론적 진술들과 그것들이 가르치는 위치는 기독교 교리(참고, 롬 6:5 이하)의 연관 속에서 설명되어야 한다. 종말론은 종말론적인 물음에 기초해 기독교를 대답하는 방법들, 예를 들면 골고다의 십자가에서 죽으신 그리스도와 부활하신 그리스도를 우리에게 제시해 준다. 따라서 신학은 기독교 자체에 대해 단지 기독교적 종말론에 들어가야만 설명할 수 있다. 즉 여러 종교의 종말론 사상이 문제가 아니라, 성서가 증언하고 있는 기독교적 종말론의 내용을 설명해야 한다. 이미 근대 계몽주의 시대 이후로 종말을 시간 개념과의 관계정립으로 보아야 한다는 통찰을 정당하게 제시해 왔다. 그리고 바르트가 그것을 신학적으로 정식화했다. 따라서 이제는 시간에 대한 올바른 이해가 필요하게 되었다. 앞에서 이미 언급했듯이, 이제는 성서가 말하는 시간 개념에 주의를 기울여야 한다.

성서는 하나님을 시간 속에서 말하고 있다. 신학은 '어떻게 하나님의 영원이 역사와 문화의 시간 속에서 그 자신을 드러내시는지'를 설명해야 한다. 하나님의 시간 계시인 "때가 차매"와 역사적으로 경험하는 시간과의 관계를 어떻게 이해해야 하는가? 본회퍼는 우리에게 한 가지 대답 가능성으로 다음과 같은 질문을 던진다. 즉 "오늘날 우리에게 예수 그리스도는 누구인가?", "오늘날 우리에게 하나님은 살아계신 하나님이신가?" 본회퍼의 이 질문은 신학적 문제 제기와 같은 것이다. 그리스도인들은 시간을 그 자체로 하나님과 같은 존재로 생각해서는 안 된다. 자연과학자들이나 고대 동양인의 사고 구조 속에는 시간이 절대적이고 그 자체로 존재한다고 생각했다. 그러나 구약 성서는 시간을 하나님과의 관계 속에서 규정했다. 시간은 하나님이 창조하신 피조물이다. 이 사고에 충실하자면 시간은 결코 스스로 거룩해질 수 없다. 그래서 신약 성서의 저자에 의하면, 예수 그리스도와의 관계 속에서야 시간도 의미를 가진다. 따라서 성서는 결코 헬라인들이 제기했던 방식으로 "시간이 무엇이냐?"고 묻지 않고, 그것의 내용들, 곧 시간의 의미들을 그리스도와 관련해 설명한다. 그 대표적인 용어가 바로 "때가 차매"이다. "때가 차매"의 선포는 시간의 내용에 관한 진술로서, 성서는 "때가 차매", 곧 시간의 내용을 예수 그리스도의 성육신과 부활 사건으로 설명한다. 예수가 십자가에서 깨어나심으로 시간의 힘이 파괴되었고, 부활을 통해 새로운 시간, 곧 하나님의 미래를 우리에게 가져오셨다. 이제는 하나님의 통치의 시간을 하나님의 미래를 기다리는 시간과 연결시켰다. 즉 융엘은 그리스도의 과거, 현재 그리고 미래로부터 하나님의 통치의 시간을 파악한다. 예수는 하나님의 나라와 통치의 가까움을 선포하셨다. 하나님의 나라와 통치는 고유한 시간성, 특히 현재와 미래와의 연관성을 가진다. 융엘은 이러한 하나님의 미래를 전적으로 기독론에 기초해 설명한다. 즉 십자가 신학과 부활의 신학에 기초해 설명한다. 필자는 다음 장에서 이 문제를 집중적으로 조명할 것이다. 따라서 여기서는 시간과 관련하여 기독교의 종말론이 가지는 시간 경험들의 중요성을 설명할 필요가 있다.

　기독교적 종말론이 그 근거를 세 가지 시간 계기들인 과거, 현재, 미래 속에서 그리스도의 부활과 죽음의 시간적인 경험들 속에서 갖는다는 사실이 중요하다. 종말론을 포괄적으로 기획하기 위해서 그것이 이미 기독론에 자리 잡고 있다는 것을 설명해야 한다. 종말론의 시간인 미래는 우리에게 희망을 줄 것인가? 우리가 미래를 희망해도 좋은 이유와 그 근거 그리고 희망의 내용은 무엇인가? 희망은 시간과 역사 속에서 자신의 내용을 실현할 것인가? 아니면 시간과 역사를 초월하여 성취될 것인가? 희망은 한 개인의 차원에서만 성취될 것인가 아니면 공동체적 또는 전 지구적 희망인가? 미래는 우리에게 불안을 선물할 것인가? 불안이라면 그 요인은 무엇이며 어디서 기원하는가? 모든 것은 미리 결정된 것인가? 이미 결정된 미래라면 우리가 그것을 미리 알 수는 없는가? 인류의 모든 의문들을 풀어 줄 궁극적인 답은 있는가? 기독교 종말론은 현재하면서 미래적인 동시성을 가지면서, 그러나 분명 예수에게서 현재했으나 ―물론 우리에게는 이미 과거이지만―미래로 남겨져 있다. 우리에게는 시작한 미래이고 다가오는 미래이다. 이것은 역사에 내재하면서, 동시에 역사를 넘어선다. 역사 속에 있으나 동시에 역사를 초월하며, 역사를 초월하나 동시에 역사 속에 있다.

그리스도인들이 가장 관심을 가지는 종말의 일들 중에 심판에 대해서 예를 들어보자. 융엘은 심판과 두려움과 저주의 사건으로 규정하지 않고 하나님의 은혜의 증거로 본다. 따라서 융엘의 신학 사상에 의하면 그리스도인들의 현재의 신앙 생활을 가능하게 하는 힘은 다름 아닌 종말론이다. 즉 종말론에 기초한 신앙이 현대의 그리스도인들을 올바른 그리스도인들로 이끈다. 융엘의 이러한 종말론에 이르기까지 종말론에 대한 어떠한 이해가 있었는지 알아보아야 한다. 그래야 그의 종말론적 사고의 중요성이 설명되기 때문이다.

우리는 지금까지 설명한 종말론과 시간의 신학을 종말론의 역사에서 어떤 내용으로 전개시켜 왔고 누가 이론화시켰는지 종말론의 고전 역사를 살펴봄으로써 알아보고자 한다. 17세기 예언자적 신학이 체계화하기 시작한 종말론에 대한 논의는 역사와 종말을 분리시키지 않으면서 시작되었다. 현실에서 지금 경험되는 하나님의 나라의 현재와 성취될 미래성이 동일한 시간 선상에 있다는 것이 그들의 핵심 주장이었다. 자연과학적 실증주의 사고가 지배하던 계몽주의 시대에 칸트의 실천 철학에서 출발하는 리츨(A. Ritschl)은 종교적이고 윤리적인 관점에서 종말론을 이해하며 그 이해의 타당성을 예수와 일치시킴으로 증거를 대고 있다. 바이스(J. Weiß, *Die Predigt Jesu vom Reiche Gottes*)는 리츨의 도덕성에 기초하여 현재의 시간성을 미래 종말론으로 대치했다. 그는 하나님의 나라의 현재를 심리적 임박성과 같은 주관적 의미에 기초해 제시한다. 슈바이처(A. Schweitzer)가 『예수의 생애 연구사(*Geschichte der Leben-Jesu-Forschung*)』에서 말한 소위 '철저 종말론'은 바이스의 종말론에서 기원한다. 슈바이처는 복음의 도덕성과 인격성10)에 대해 강하게 비판하면서도 오시는 하나님의 나라에 대한 예수의 선포를 잘못 생각한 결과로 그리고 2세기 이래로 유지되고 있는 재림 지연으로 묘사하고 있다. 예수의 종말론적인 임박성은 역사의 억압 행위였다. 슈바이처에 따르면, 기독교의 사적 토대는 더 이상 존재하지 않는다. '철저 종말론'은 하나님의 나라를 역사 내적으로 이해하는 것과 비판적으로 대립한다. 그것은 신약 성서의 종말론에 적용을 불가능하게 만든다. 왜냐하면 신약 성서의 종말론의 낯설음과 시간 연관성이 여기서 바로 세워지기 때문이다. 다드(C. H. Dodd)의 『하나님의 나라의 비유(*The parables of the kingdom*)』 속에서 말하는 랍비들의 파악에 기초하는 '실현된 종말론'에 따르면, '하나님의 나라는 이미 임했다.' 예수의 하나님 나라에 대한 선포는 바이스나 슈바이처가 주장하는 묵시문학에서

---

10) 슈바이처는 「마가복음」 10-11장을 통해 예수의 역사성을 부인하면서 하나님의 나라와 인류성에 기초해 예수의 사역을 규정했다. "메시아로 등장해 하나님의 나라의 인류을 선포하였고, 하늘의 나라를 땅 위에 세운 죽은 나사렛 예수는 결코 실존하지 않았다."

그 상을 발견하지 못한다. 다드는 바이스나 슈바이처처럼 종말이 미래에서 현재로 옮겨졌다고 보았다.

윙엘은 이러한 종말론의 역사를 꿰뚫고 나서 다음과 같은 문제 제기를 통해 종말론의 핵심 문제를 새롭게 제기한다. 즉, "우리가 어떻게 예수의 시간을 '더 이상(Nicht-mehr)'이나 결코 '아직 아님(Noch-nicht)'이 아닌 그러나 아직 시간 속에 남아 계신 것으로 이해할 수 있는가?" 그래서 그는 십자가의 죽음의 문제를 '시간과 죽음'이라는 항목으로, 그리고 부활의 문제를 종말론적, 즉 시간적 차원에서 다룬다. 이 문제는 너무도 중요하기 때문에 따로 장을 분리하여 설명할 것이다.

요약

윙엘은 언어가 가지는 사회성과 역사성 그리고 20세기 프랑크푸르트 학파가 지적한대로 언어의 이데올로기화를 전혀 고려하지 못했다. 그러나 그는 말씀 사건이 가지는 하나님의 자기 계시의 중요성을 다시 한 번 각인시켰다. 하나님에 상응하는 언어는 특별한 의미에서 시간 말씀이다. 언어성과 시간성은 근원적인 통일로 파악됨으로써 하나님에 상응하는 말씀은 하나님의 인간성의 장소가 된다. 하나님은 세계적 역사의 시간성 속에서 인간으로 존재하신다. 고난을 당하신 하나님과 죽으신 하나님은 부활의 하나님과 동일하신 분이다. 죽음 때문에 부활이 가능하게 했고 부활의 하나님은 종말의 시간을 말씀하신다.

# 4. 기독론

먼저 융엘의 기독론에 대한 핵심적인 내용을 살펴보자. 융엘은 그의 기독론을 십자가의 부활로부터 전개시키고 성육신화된 로고스 이론에 기인하는 모든 교리적 진술들을 해석하는 데서 시작했다. 따라서 그의 기독론은 십자가와 부활로부터 새로운 의미를 얻게 되었고 이 땅의 예수에 대한 삶의 이야기를 위한 공간을 얻게 되었다. 새로운 시간인 미래의 보존으로서의 하나님의 가까움은 예수 그리스도의 십자가의 부활에서 명확하게 드러나게 되었고, 십자가의 부활과 더불어 예수의 말씀과 행위는 시간 속에서 성취되고 있다. 융엘에게 기독론은 십자가 신학에 근거한다. 다시 말하면, 그는 예수가 죽었기 때문에 인간 예수와 하나님의 영원과의 통일이 이루어졌다고 보았다. 예수는 죽음을 수용함으로써 실존했다. 그러나 예수의 부활은 예수와 하나님과의 통일을 열어 주었다. 즉 예수는 하나님의 말씀, 로고스로 실존했다. 다른 한편 그가 말하는 부활은 판넨베르크가 새롭게 부각시킨 묵시론적 표상세계와는 다르다. 융엘에게 신앙의 정초로서의 부활은 신학적 공리로 작용한다.

융엘은 기독론에 관한 특별한 책을 쓰지 않았지만, 결국 기독론이라 할 수 있는 논문들을 모아 편집한 『사태에 이르는 도중의 길』[11]에서 기독론을 집중적으로 다뤘다. 필자는 주로 이 책을 통해 융엘의 기독론을 설명하고자 한다.

융엘의 기독론은 그의 스승인 푹스나 바르트를 통합하려는 노력 속에서 그의 기독론을 증거한다. 융엘은 푹스의 신약 성서의 해석학을 바르트의 조직신학 안에 포함하여 확장시키려 했다. 바로 여기서 그의 기독론을 찾을 수 있다. 푹스의 성서해석학과 바르트의 조직신학은 '말씀신학'을 중시한다. 따라서 융엘은 말씀신학을 통해 두 사상들을 융합시킨다. 이런 점에서 융엘의 기독론의 이론적 단초는 말씀신학이라 할 수 있다. 그런 차원에서 융엘의 기독론의 이론적 단초인 말씀신학을 먼저 살펴보고, 십자가 신학과 부활 신학을 통해 그의 기독론을 전개하고자 한다.

---

11) Eberhard Jüngel, *Unterwegs zur Sache. Theologische Bemerkungen*, (Chr. Kaiser Verlag: München 1972).

## 1) 말씀 신학 : 기독론의 이론적 단초

윙엘은 로고스 신학, 곧 말씀신학을 통해 기독론을 시작한다. 윙엘이 관심 갖는 말씀은 구체적인 행위로서 현실에서 구체적으로 발생하는 언어다. 다시 말하면, 계시인 말씀이다. 이때 '말씀이 시간 속에서 발생했다'는 것은 다름 아닌 십자가 사건이다. 십자가 사건을 통해 새로운 존재를 불러일으켰다. 다시 말하면, 죽음의 승리인 부활하신 예수 그리스도를 말하고자 한다. 부활하신 예수 그리스도는 우리에게 새로운 미래를 열어 주었다. 새로운 미래, 곧 새로운 시간은 하나님의 시간을 말하고 결국 종말론적 시간을 말한다. 따라서 우리는 십자가 신학과 부활신학을 분리해 생각할 수 없다.

윙엘 신학의 단초는 말씀신학이다. 말씀신학은 일차적으로 푹스의 신앙의 말씀론에서 나온다. 십자가의 말씀신학은 푹스에서 보듯이 해석학과 연관되어 있다. 그래서 푹스는 말씀신학을 '신앙의 말씀' 이론이라 했다. 푹스의 말씀사건은 후기 하이데거의 언어론과 관련되어 있다. 그러니 당연히 윙엘의 말씀신학도 하이데거의 로고스 이론에 기초한다. 그러나 윙엘의 말씀신학은 하이데거보다 바르트의 '말씀신학'에 더 기대고 있다. 우리는 그 이유를 윙엘의 말씀신학이 십자가의 말씀을 하나님에 관한 담론의 기준으로 삼는 데서 알 수 있다. 십자가 윙엘 신학의 가장 핵심점이 되는 이유는 십자가를 통해서만 하나님의 고난에 대해 설명할 수 있기 때문이다. 또한 하나님은 십자가에서 자신을 계시하시기 때문이다. 그러나 초대교회는 신의 고난을 거부했기 때문에 이런 가르침을 거절했다. 따라서 초대교회는 '하나님이 고난 받을 수 없다'는 것을 철저하게 가르쳤다.

「마태복음」 기자는 하나님을 '말씀하는 자'로 소개한다. 「마태복음」 10장 20절에 따르면, "말하는 이는 너희가 아니라 너희 속에서 말씀하는 자 곧 너희 아버지의 성령이시다." 윙엘의 말씀신학도 "하나님 자신이 말씀하시는 분이다"라는 문장에서 출발한다. "예수를 이해하고자 하는 자는, 특히 예수를 부활 신앙과의 연관 속에서 이해하고자 원하는 자는 하나님 자신을 말씀하시는 이로 파악해야만 한다. 성육신하신 하나님은 자기 자신을 전하기 위해 우리와 같은 인간이 되셨다. 말씀 속에서 하나님 자신은 그 자체로 존재하신다." 이 문장은 윙엘에게 말씀의 신학과 해석학의 관계를 밝히는 논의의 출발점이다. 그의 해석학의 핵심 개념은 언어, 곧 말씀(logos)이다. 윙엘은 인간 예수의 존재를 "말씀 행위 속의 존재"(1972, 129)로 규정한다. 이는 푹스의 말씀사건(Sprachereignis)과 바르트의 말씀신학에서 사용되는 개념이다. 말씀은 단순한 정보가 다른 것에 영향을 불러일으키는 언어행위이다. 예를 들면 하나님의 말씀이 세상을 창조하시듯이, 로고스는 하나님이 우리에게로 오시는 방식이다. 윙엘의 말씀신학은 말씀에 권위를 둔다. 그 말씀은 우리를 자유롭게 한다. 따라서 자유에로 초대하는 이러한 권위는 근대의 이성적 권위와는 근본적으로 다르다.

## 2) 사람이 되심(*Incarnatio*)

성육신에 대한 옛 교리는 새롭게 해석해야 한다. 윙엘이 새롭게 규정하는 성육신 교리는 다음과 같다. 즉 영원한 로고스의 실체가 인간 본성과 통일되는 것이 아니라, 하나님이 자신을 예수와 동일시하는 동안 하나님은 자신과 자기 스스로 관계한다. 다시 말하면, 십자가 이전의 영원한 실체와 예수 그리스도의 통일이 아니라, 시간, 구체적으로 십자가 사건 속에서 하나님과 예수 그리스도는 통일한다. 인간 예수는 자신의 자기 관계성을 하나님과의 관계 속에서 발견한다. 십자가 속에서 하나님은 스스로 세계와 화해하셨다. 십자가와 부활로부터 규정되어야만 하는 하나님의 인간이 되심은 하나님이 없는 세계 속에서 하나님의 세계성을 의미한다. 따라서 인간이 되심은 두 본성의 융합으로 봐서는 안 된다. 하나님의 예수와의 "동일화"는 "본성"의 범주가 "관계"를 통해 해석될 수 있음을 뜻한다. 그러나 이런 동일화에 대해 윙엘은 바르트와는 반대로 루터가 제기한 다음과 같은 명제인 "유한은 무한을 포함하지 못한다(*finitum non capax finiti*)."를 따른다. 그러면서도 윙엘은 바르트처럼 예수의 인격과 사역이 하나의 통일을 이룬다고 강조한다.

기독교의 성육신론의 독특성은 기독교의 성육신을 구원론에 기초해 해석하는 데서 나타난다. 기독교가 사용하는 육신의 개념은 그것이 문자 그대로 육체의 의미로 사용되느냐 아니면 하나님 중심의 삶을 떠나 자기 마음대로 살려는 정욕적인 성향 또는 그러한 삶의 방식을 뜻하느냐에 따라 의미부여가 달라진다. 기독교의 성육신은 "말씀이 육신이 되었다"라는 「요한복음」 1장 14절의 보고에 기초하고 있다. 이 보고는 초대교회의 가장 큰 관심사였으며, 기독교의 구원이 어떠한 것인가를 나타내기 때문에 아주 중요하다. 여기서의 말씀은 하나님의 뜻을 계시하는 그의 아들이신 예수 그리스도를 의미하고 예수 그리스도의 성육신을 통해 우리가 구원받게 되는 근거이다. 이미 「창세기」 3장은 오실 구원자가 하나님인 동시에 인간이어야 함을 암시하였다(창 3:15). 신약 성서는 이 구원자가 죄가 없다는 것을 제외하고는 모든 면에서 우리와 같은 분으로 왔다고 증거한다(히 4:15). 놀랍게도 성서는 "말씀"이 인간이 되었다고 말하지 않고 "육"이 되었다고 하였다.

윙엘은 바르트를 따라 성육신을 "시간 속으로 들어오심"으로 정의한다. 이러한 이해는 키에르케고어의 이해방식을 따른 것이다. 키에르케고어는 "영원하신 하나님이 변화하며 소멸하는 시간 속에 존재할 수 있느냐?"라는 질문에 답하면서 영원이 시간 안에 존재하는 방식을 역설이라 했고 그것이 종말론적 사건으로 일어났다고 보았다. 바르트를 통해서 새롭게 해석된, 사람이 되심인 시간 속에 오신 말씀, 곧 예수 그리스도는 때가 참이다. 시간과 영원의 만남이 참 사람이시면서 참 하나님이신 예수 그리스도에 의해 이루어진다. 여기서 영원은 시간을 품고 있는 것이 아니다. 영원과 시간 사이에는 절대적 단절이 있다. 그러나 영원 안에서 과거에 있었던 것과 미래에 있을 것이 현재하게 된다. 이를 키에르케고어는 "때의 참"(갈 4:4)이라 하여 영원한 순간이라 했다. 그러나 이 "때의 참"이 약속과 역사의 기대의 영역에서 성취된 것이 아니라, 영원한 순간에서 일어난 것이다. 이것은 기독교적 신 인식보다 희랍적 사고가 분명하다. 이성은 절대적 단절을 연결시키는 예수 그리스도를 파악할 수 없다. 사람의 이성은 시간 안에 들어온 영원자, 개별자로서 시간 안에 탄생하고 자라고 죽은 하나님을 알 수 없다. 이성은 이러한 하나님을 알려지지 않은, 이질적인, 절대로 차이 나는 존재로 밖에 알 수 없다. 키에르케고어는 '알려지지 않음'을 사람이 끊임없이 다다르는 한계이며, 절대적인 차이라 했다. 그는 시간을 존재론적으로 파악하지 않고 시간 속에 있는 실존자가 영원한 하나님과 관계하는 방식을 따라 이해한다. 그러나 그것은 역설이다.

키에르케고어가 말하는 역설은 절대적 역설이다. 다시 말하면, 하나님의 영원과 사람의 시간의 만남 자체가 가지는 속성이다. 절대적 역설은 유한한 사람이 영원한 하나님을 알 수 없다는 것이고 하나님과 사람 사이의 절대적 질적 차이가 있다는 것이다. 이 절대적 역설은 영원하신 하나님이 역사의 어느 시점에서 사람의 모습으로 태어나고 자라고 산 것이다. 이를 시간의 개념으로 설명하면, 이 순간은 영원한 것을 역사적인 것으로 그리고 역사적인 것을 영원한 것으로 만드는 순간이다. 절대적 역설, 곧 참 하나님이신 예수가 동시에 참 사람이심으로 동일성을 이룬데 있다. 예수 그리스도 안에서 영원과 시간이 만나게 되는데, 이것이 궁극적 순간이다. 융엘은 역설이라는 용어 대신에 비밀이라는 용어를 통해 이를 설명한다. 그러나 그 내용이 다른 것은 아니다.

예수 그리스도의 사람이 되심에 대한 융엘의 이해는 다른 신학자들과 특별히 다른 점이 없기 때문에 이 정도에서 마친다. 그러면 이제부터 융엘의 기독론의 핵심인 십자가 신학을 살펴보자.

## 3) 십자가 신학

우리는 십자가에서의 예수 그리스도를 통해 하나님을 경험할 수 있게 되었다. 십자가 사건 이전에 하나님을 경험하려면, 하나님이 우리에게 자신을 계시하셔야 했었다. 문제에 대해서는 앞에서 언급했기 때문에, 이제는 윙엘의 관심사로 옮겨가야 한다. 윙엘은 "하나님은 오로지 예수를 통해서만 자신을 드러내시기 때문에 예수에 의해 선포된 하나님의 나라는 '하나님 나라의 가까움'(1962, 288)으로 해석할 수 있다"고 보았다. 다시 말하면, 미래에 일어날 사건인 하나님의 가까움이 역사 속에서 발생한 것이다. 하나님이 시간 속에 자신을 드러내신다는 말은 다름 아닌 계시를 뜻한다. 이러한 내용 정리가 바로 그의 십자가 신학이 가지는 함의이고 요약이다. 이제 이 문제에 대해 자세하게 다룰 차례이다.

윙엘에게 십자가 신학은 어떤 근거에서 하나님의 죽음과 무신론의 도전에 답을 주었을까? 그는 이미 1968년에 「살아계신 하나님의 죽음」이라는 논문에서 이 문제를 다뤘다. 논의의 출발점은 하나님과 예수 그리스도의 통일이다. 그는 십자가의 결과를 "하나님은 죽었다"라는 말로 설명했다. 하나님이 자신을 살아계신 분으로 증명하신 부활 개념이 없이 십자가를 생각할 수 없다. 십자가 신학을 체계적으로 서술한 『죽음』[12])에서는 십자가와 부활의 결합에 근거한 신학적 인간학으로 이런 생각들을 전개한다. 하나님 자신을 위한 하나님의 죽음은 하나님의 존재가 전통적인 신학의 지평을 넘어설 뿐만 아니라 인간 이성의 지평도 넘어서는 초월적인 존재이심을 증명하신데 의미가 있다. 전통적으로 죽음은 하나님과 분리되는 영역으로 생각해 왔다. 그러나 하나님이 자신을 죽음 속에서 하나님으로 증명하셨기 때문에 이런 사고는 더 이상 타당하지 않다. 따라서 이제는 하나님에게 낯선 것으로 생각될 수 있는 죽음이란 더 이상 존재하지 않는다. 하나님의 영원한 존재는 우리와는 다른 분으로 생각해야한다. 또한 하나님은 시간 속에서 살아가거나 생각하는 우리의 방식과는 다른 분이심을 알게 되었다. 이러한 살아계신 하나님의 죽음을 통해 우리는 죽음이 우리를 주관할 수 없다는 것과, 그리고 하나님이 죽음을 죽였기 때문에 더 이상 죽음의 세계도 세력이 없게 되었다는 것을 확신할 수 있게 되었다.

그러면 우리는 이 승리를 어디에 근거해 말할 수 있는가? 그것은 당연히 부활절 사건이다. 하나님이 스스로 죽음 속에 신실하게 계셨다는 사실이 부활을 가능케 했다. 이 부활은 하나님의 존재가 되어감 속에 계신다는 것을 보여 준다. 예수

---

12) Eberhard Jüngel, *Tod*, (Gütersloh: Gütersloher, 1971).

그리스도의 죽음은 죽음을 죽임으로 이해되어야 한다. '죽음을 죽임'으로 이해되는 그리스도의 죽음에 근거하여 죽음은 조롱받아야 한다. 예수 그리스도의 죽음 속에서 하나님은 죽음의 관계없음을 지양하고 죽음을 넘어서는 승리를 보여 주셨다. 거기에서 새로운 관계가 만들어지고 죽음의 관계없음을 향해 들어가는 우리의 삶이 하나님 안에서 거하게 된다는 희망이 생긴다. 하나님은 예수의 죽음 속에서 자기 동일화를 이루시고 이 죽음을 넘어서 승리를 가져오셨다. 따라서 예수 그리스도를 믿는 것은 하나님이 자신을 예수 그리스도 안에서 참 하나님으로 정의하셨다는 사실에 근거한다. 하나님은 인간이 되심으로 십자가에서 죽음의 고통에 참여하셨다. 따라서 하나님은 더 이상 아리스토텔레스가 말한 제일 원인으로서의 신인 부동의 원동자도 아니고 구약처럼 고난에 참여할 수 없는 하나님도 아니다. 그렇게 생각해서는 안 된다.

십자가에서의 그리스도의 죽음은 하나님의 생명이 우리 안에서 일어나는 사건이다. "하나님께서 그리스도 안에 계셔서 세상을 자기와 화목하게 하시며 저희의 죄를 저희에게 돌리지 아니하시고 화목하게 하는 말씀을 우리에게 부탁하셨다"(고후 5:19). 따라서 화목은 죄와 우리와의 관계의 결과를 가진다. 융엘은 일반적인 죽음에 대한 정의이며 본질인 관계없음보다는 예수의 죽음을 통해 화목, 구원과 부활 그리고 승리를 해석해 내고 있다. 따라서 예수의 죽음은 구속의 사건이 되는 것이다. 왜냐하면 하나님과 인간과의 새로운 관계, 즉 죽음을 넘어서는 새로운 관계는 새로운 인간을 만들기 때문이다. 더 나아가 예수의 죽음은 인간 예수와 하나님의 영원과의 통일을 이룩하게 했다. 예수가 죽음을 받아들인 것은 전적으로 하나님께 근거했기 때문이다.

이것은 죽음에 대한 승리이다. 부활절 사건이 그 증표다. 그러나 부활이 가능하려면 하나님이 스스로 죽음 속에 신실하게 계셔야 한다. 전통 형이상학이 이해한 것처럼 죽을 수 없는 하나님이 죽음 속에 계신 사건은 하나님의 존재가 되어감 속에 계시기 때문에 가능했다. 이 문제는 예수의 십자가에서의 고난에 하나님이 침묵하셨다는 신학적 대답을 무효화했다.

중국 선교가 시작되었을 때의 일이다. 십자가에서 고난당하시는 아들을 외면하는 아버지는 유교적 가르침에 위배되기 때문에 그 내용의 설교는 할 수 없었다. 신이 죽는다는 가르침이나 아들의 죽음에 침묵하는 아버지 상은 중국인들에게 해괴망측한 일이었다. 그러나 예수 그리스도의 죽음은 죽음을 죽인 사건으로 신학적으로 이해될 때 그 타당성이 있다. 그러면 '죽음을 죽인' 사건이 왜 의미를 가지는가? 왜냐하면 그 사건으로 인해 죽음 자체가 조롱받게 되었기 때문만이 아니라 죽음을 '관계없음(Verhältnislosigkeit)'이라고 생각하는 경항을 지양하고 죽음을 넘어서는 승리를 보여 주어 새로운 관계, 곧 우리의 삶이 하나님 안에서 거할 수 있다는 희망이 생겼기 때문이다. 이제 우리는 하나님이 예수의 죽음 속에서 자기 동일화를 이루셨고 이 죽음을 넘어서 승리를 가져오셨다고 말할 수 있게 되었다. 이제 우리가 십자가에서 죽으시고 부활하신 예수 그리스도를 믿는 것은 하나님이 자신을 예수 그리스도 안에서 참 하나님으로 정의하셨음을 승인함을 뜻한다. 하나님께서 인간이 되셔서 십자가에서 죽음의 고통에 참여하셨기 때문에 우리는 더 이상 하나님을 아리스토텔레스가 말한 제일 원인으로서의 부동의 원동자로 혹은 구약처럼 고난에 참여할 수 없는 하나님으로 생각해서는 안 된다.

지금까지의 예수 죽음에 대한 설명은 융엘의 독창적인 신학이 아니다. 비록 바르트에게서 해명된 내용이지만, 융엘은 바르트와는 다르게 그리스도의 십자가의 죽음에 더 중점을 두어 "살아계신 하나님의 죽음"의 의미성에 관심을 둔다. 융엘에 따르면, 하나님의 생명이 우리 안에서 일어날 수 있는 토대를 마련한 사건이라는 데에 살아계신 하나님의 죽으심의 의미가 있다. 융엘은 부활에 근거해 십자가를 해석한다. 즉 부활을 종말론적 사건으로 이해한다. 따라서 십자가는 이미 부활의 사건의 전초이다. 그런 의미에서 그는 십자가와 부활을 분리하지 않고, 종말론적 사건으로 이해한다. 이제 부활의 신학에 대해 살펴보자.

## 4) 부활 신학

융엘의 부활 신학은 바르트의 부활 신학에 기초한다. 따라서 융엘의 부활 신학의 내용을 알아보기 위해서는 바르트의 부활 신학을 먼저 알아야 한다.

(1) 바르트의 부활 신학

바르트는 십자가 사건의 사실성에 대한 해석이 자칫하면 잘못될 수 있다고 지적한다. 예수 그리스도의 죽음의 구속 사건이 은총의 심판이듯, 예수 그리스도의 부활은 심판의 은총으로 하나님의 자율적인 행위이지 인간의 행위와 의지로 이해될 수 없는 것이다. 하나님의 행위이지만, 나사렛 예수 그리스도에게서 일어난 행위이다. "인간이 (마음대로) 처분할 수 없는 것에 관하여 말하는 사람은 (앞으로도) 더 이상 하나님에 대하여 말하지 않을 것이다"(*KD* IV/1, 332) 이 사건의 구속의 특징은 다음과 같은 인식을 전제한다. 즉 하나님의 계시인 인간이 되심이 바로 하나님 자신이 인간이신 예수 안에서 일하심이라는 인식을 전제한다. 다시 말하면, 죽음의 과정을 통해서 하나님은 자신을 참 하나님으로 드러내셨다. 제자들은, 예수의 공생애 기간을 그와 같이 살았지만 죽음 이후에서야 하나님이 그리스도 안에 계셨다는 계시를 인식할 수 있었다. 왜냐하면 인식은 진리의 영을 받고 나서야 올바로 가능했고 그리스도 사건이 늘 인간의 요소가 있었기 때문이다. 예수 그리스도가 우리의 위치에서 그리고 우리에게 평화를 주시기 위해 죽으셨다는 인식은 제자들에게 예수의 부활을 통해서야 비로소 가능했다. 바르트는 예수의 십자가의 죽음을 "심판을 받은 심판자"로, 부활을 "성부의 판단"(*KD* Ⅳ/1)이란 제목 하에 "심판의 피안", "하나님 아버지의 은혜의 사업"으로 표현한다.13) 바르트는 십자가의 신학과 부활의 신학을 다음과 같이 몇 가지로 관계시켜 설명한다.

첫째, 예수의 십자가에서의 죽음과 부활은 하나님의 행위이다. 바르트는 예수 그리스도의 부활이나 그것에 앞서 일어

---

13) Karl Barth, *KD* Ⅳ/1, 244 이하. "하나님 아버지는 아들을 죽은 자 가운데서 일으키셨고 그의 고민과 죽음을 바로 우리를 위한 고난과 죽음으로서 … 우리를 죽음에서 생명에로 이를 것으로 인정받도록 하셨다. … 그는 심판하였다. 또 거기서 심판 받는 심판자는 자기 자신을 심판하도록 하는 분이었다. 그는 우리와 같은 인간이었기 때문에 인간으로서 우리에게 임하는 것 같은 심판을 받는 상황에 있었다. 그는 하나님의 아들이시고 그 자신이 하나님이셨기 때문에, 그는 우리 대신에 그것을 당할 권한과 능력이 있었다. 그는 신적 자유 속에서 순종의 길 위에 계셨기 때문에 자기 자신의 의지를 자신의 아버지의 의지에 그런 식으로 내어맡기는 것을 주저하시지 않았다."

난 십자가의 사건을 어떻게 함께 이해할지를 고심했다. 바르트의 결론은 오직 그것은 "하나님에 의해서만 실현 가능하고 또 사실로 실현되었다"는 것이다. "예수 그리스도의 죽음이 하나님이 다른 모든 사람의 대리인으로 세우신 그―예수 그리스도―에게 진행된 죽음의 심판인 한, 예수 그리스도의 죽음 역시 철저하게 하나님의 행위요 하나님의 역사(役事)다."(KD IV/1, 330-331)

둘째, 부활은 십자가 사건에 대립되어 독립한 새로운 하나님의 행위이다. 부활의 사건은 십자가 사건의 인식적인 전환을 이루는 사건이 아니다. 두 사건은 서로 구별됨으로써 각각의 사건의 의미를 올바로 드러낸다. "또 부활은 분명 그 내용 면에서도 십자가 사건과 관계가 있다. 부활은 독특한 성격을 지닌 사건으로서 십자가 사건과 구별된다는 점에서도 십자가 사건과 관련을 맺는다. 따라서 부활은 십자가 사건 안에 포함되지 아니하고, 오히려 십자가 사건과 구별되는 사건에서 그 십자가 사건에 뒤이어 일어난다. 거꾸로 부활 역시 그 빛 속에서 저 첫 번째 사건―십자가 사건―을 아무 의미 없는 그림자로 만들어버리는 빛이 아니다. '십자가의 신학(*theologia crucis*)'은 '부활의 신학(*theologia resurrectionis*)'을 흡수할 수도 없고 흡수해서도 안 된다. 마찬가지로 그 반대의 일 역시 분명 일어나서는 안 된다. 부활절의 사건은 십자가 사건과 불가분의 관계를 갖고 있으면서도 동시에 고유의 내용과 형상을 지닌 사건이다."(*KD* IV/1, 335-336)

셋째, 두 사건은 적극적인 상호 관계에 있다. 예수 그리스도의 죽으심과 그의 부활은 서로 뒤따라 일어나고 서로 일치해 일어났다. "예수 그리스도의 죽음과 그의 부활은 하나님이 행하신 이 두 행위 속에서 하나님의 속죄(화해)의지를 긍정하는 의사가 나란히 그리고 연이어, 강력하게 표명되었다는 점에서 서로 연결되어 있다.…예수 그리스도의 죽음과 부활의 적극적 관계는, 하나님이 행하신 이 두 행위가 서로 그리고 잇달아 하나님의 역사가 죄악뿐이요 타락한 이 세상과 함께 한 두 개의 근본사건이자, 그 분의 역사가 길을 잃고 헤매는 그 분의 피조물인 우리와 함께 하는 두 개의 근본사건이라는 점에 있다."(KD IV/1, 341) 두 사건은 세계가 하나님께 대해 화해를 누리게 된 인간 상황의 변환을 설명하는 근본 사건이라는 데에 관련성이 있다. 바르트는 십자가와 부활이 분리되었으나 상호 연관성이 있을 때만이 기독교의 부활 케리그마의 핵심을 이룬다고 말한다. "(하나님의 화해의지를 긍정하는) 그 '예'는…먼저 우리를 대신한 그 분 아들의 순종 속에서, 그 다음에 또 우리 대신 아버지 하나님의 은혜를 받으신 예수 그리스도 속에서 강력하게 선포되었다"(*KD* IV/1, 341).

넷째, 예수 그리스도께서는 죽은 자 가운데서 부활하셨는

데 이 사건은 인간적 시간과 공간 안에서 일어났다. "그것도 대상적 의미를 가진 세계적 현실 사건으로서 인간적 공간과 인간적 시간 안에 일어났다. … 부활은 그것은 구체적 대상들 가운데서 일반적 인간의 역사 안의 특수 역사로서 시간 한가운데서 일어났다. 죽은 자 가운데서 부활하시고 그의 제자들에게 나타나셔서 자기를 계시하셨다. 또한 그분은 어떤 죽음의 위협을 받지 않는 하나님이시다(롬 6:10). 그러므로 오늘도 어제처럼 산 분이시다."(KD IV/1, 368) 이런 사건들이 인간의 시간과 공간 안에서 일어났지만 그 양식은 분명 구별된다. "우리는 이 사실이 일어났다는 것과 저 사실과의 구별을 간과할 수 없고 또 해서도 안 된다. 그것들은 내용적으로 하나님의 의와 하나님께 의롭다 인정받음, 종결과 새로운 시작, 업적과 계시가 구별되는 것과 같다. 그것들은 순종하는 아들의 행위와 은혜로운 아버지의 행위로써 서로 구별된다. 그러나 그것들은 형식적으로도 그것들이 인간의 공간과 시간에서 일어났다. 따라서 역사로 이해될 그 양식에서 구별된다"(KD IV/1, 369).

다섯째, 예수 그리스도의 부활은 죽음의 피안이다. "우리는 예수 그리스도의 부활을 그의 죽음의 저편으로 이해하였다. 부활을 심판의 피안으로 이해한 것이다. 그 심판은 우리의 대표자요 대리자인 그―예수―의 위에, 따라서 그 안에서 우리 모든 이에게, 모든 사람 위에 확정적이면서도 철회할 수 없게 선포되었다. 하지만 부활은 철저히 이 세상의 피안이다. 부활은 예수 그리스도와 우리를 의롭다 인정함이요, 그러기에 그것은 하나님 자신을 의롭다 인정함이다."(*KD* IV/1, 378) 그러나 예수 그리스도의 죽음과 부활은 둘 다 예수 그리스도의 역사이며 구원사이다.

예수의 죽음은 긍정적인 눈으로 보면 부정적인 사건이다. 그의 깨어남은 부정적인 전제에서 보면 긍정적인 사건이다. 이 둘은 인간 상황을 변화시키는 역사이다. 이 두 행위 사이에는 사실적인 그리고 시간적인 공통성이 있다. 다시 말하면, 부활은 전체 이전의 사건을 유일한 사건이 되게 한다. 부활은 모든 시간의 주이신 그리스도의 통치에 들어가게 한다. 예수 그리스도는 한 분 중보자로서(딤전 2:5), 현재 영원한 대제사장이 되셨다(히 5:6; 6:20). 예수 그리스도는 자기 속에 생명이 있으셨다(요 5:26).

(2) 융엘의 부활 신학

융엘의 부활의 신학을 정리하면 다음과 같다. 융엘의 기독론의 신학적 공리는 부활이다. 계시는 십자가에서 죽으신 그리스도의 부활에서 일어났다. '하나님이 십자가에서 자신을 계시하셨다'라는 말은 '하나님이 십자가에서 예수와 동일성을 취하셨다'라는 말과 같은 말이다. 따라서 하나님의 시간은 죽음의 시간을 극복했다. 인간의 현재의 자기 경험이나 세계경험은 죽음을 이길 수 없다. 그러나 부활 속에서 경험되는 하나님에 대한 신앙은 죽음을 이긴다. '부활이 역사적 사실이냐 아니면 신앙적 진리일 뿐이냐?'의 논쟁에 대해 윙엘은 둘은 서로 다른 문제 영역이라고 구분하면서도 상호 연관성이 있다고 본다. 사적(史的) 예수에 대한 논란이 현대의 부활 신학의 가장 논쟁이 되는 화두이기 때문에 우리는 윙엘의 부활 신학의 여러 내용 중 사적 예수에 대한 문제를 이해할 필요가 있다.

사적 예수에 대한 질문은 전적으로 조직신학적 전제들과 밀접하게 연결되어 있다. 신약학자인 케제만이 주장한 '사학(Historie)은 종말론적 기능이 있다'는 점을 윙엘은 중시한다. 윙엘은 사적 예수에 대한 논의를 거부하거나 회피하지 않고 논의할 때에 케리그마를 지켜낼 수 있다고 보았다. 다시 말하면, 예수의 부재를 말한 사학에 대해 그리스도를 강조하는 케리그마의 중요성을 강조할 수 있게 되었다는 것이다.

윙엘의 기독론을 논하려면 우리는 먼저 사적 예수에 대한 문제를 정리해야 한다. 윙엘이 이해하기에, 사적 진리와 신앙적 진리 사이의 차이와 상호연관성의 문제는 신앙의 순환에 근거해 논의해야 할 문제이다. 사적 예수에 대한 논란에 대해 이야기하려면 몇몇 사람들의 연구결과에 관심을 기울여야 한다.

예를 들어 켈러(M, Kähler)의 연구인데, 그는 1992년에 「소위 사적 예수와 역사적, 성서적 그리스도」라는 글에서 예수를 증언한 증인들, 예를 들면 제자들이 가지고 있는 예수에 대한 상(像)의 배경으로 우리가 되돌아갈 수 없다고 밝혔다. 역사적으로 제자들은 이미 죽고 없다. 따라서 우리가 유일하게 접근할 수 있는 직접적인 길은 없다. 사적 예수에 대한 논란을 다루려면 제자들의 예수에 대한 상을 알아야 하는데, 그것을 알 수 있는 직접적인 방법이 없다는 것이다.

헤어만(W. Herrmann)은 성서의 그리스도에 대한 신앙은 신앙의 사적 근거, 곧 예수 자신의 내적인 삶과 연관되어야 한다는 점에 이의를 제기한다. 융엘은 사적 예수의 논란 문제를 해결하기 위해 '예수 자신이 말씀으로 오셔야만 한다'는 것을 논의 해결의 전제로 끌어 온다. 결코 사적(史的) 개체로서만 나사렛 예수를 증명해서는 안 된다. 나사렛 예수에 대한 사적 증명뿐 아니라, 신앙적 그리스도의 신앙고백도 이 논쟁에서 고려해야 한다. 그 작업에 참여해야 하는 역사가나 조직신학자 모두가 인간 예수를 하나님의 영원과 통일시키는 작업을 하려면 예수 자체에 관심을 기울여야 한다.

여기서 보듯이 사적 예수에 대한 새로운 질문의 핵심은 이미 앞에서 언급한 시간 인식에 달려있다. 예수 그리스도가 오늘날에도 현재하시려면 이 땅에서의 실존뿐만 아니라 그의 죽음도 미래에 열려 있어야 한다. 하나님의 가까움은 그 자체 죽음 속에서 통합되어야 한다. 그리고 이러한 하나님의 가까움은 하나님 나라에 대한 예수의 선포의 핵심이다. 예수는 인간의 방식으로 하나님 나라에 이바지하며 일하셨다. 따라서 예수의 선포나 행위는 권위를 부여받게 되었고, 이렇게 부여받은 권위에 근거한 그의 선포는 그의 말씀을 듣는 인간들에게 하나님의 임박성을 알렸다. 특별히 구속사 속에서 펼쳐지는 예수의 행동은 신앙을 유지시키고 동시에 자신의 선포를 해석해 주었다. 예수는 그가 선포한 하나님의 가까우심을 행했다. 융엘은 이것을 로고스 신학의 출발로 본다.

이로서 다음의 세 가지 점이 따라 나온다.

첫째, 예수의 역사는 계속된다. 왜냐하면 그 속에서 종말이 그의 고유한 역사, 곧 사랑의 역사를 만들기 때문이다. 예수 자신은 바울의 칭의론에서 새롭게 언표된다. 그 후 처음으로 복음서들이 기록된다. 복음서에는 신앙의 말씀역사가 시작된다. 죽음은 시간적인 생명의 영원화이다. 융엘은, 죽은 자들의 부활을 "살았던 생명의 모음이고 영원화이며 계시"(1971, 153)라고 보았다. 부활에서 이미 시간이 영원화되며, 영원한 미래를 가진다. 물론 이러한 융엘의 죽음에 대한 시간적 이해는 죽음의 영원화가 가지는 문제성 때문에 몰트만에게 비판을 받는다. 그러나 융엘의 입장에서 보면, 즉 영원한 하나님과 시간 속에 사는 인간과의 관계를 죽음을 통해 고찰하고자 할 때에는, 영원 개념이 반드시 문제되는 것만도 아니다.

둘째, 하나님 나라의 가까움은 연대기적으로 설명될 수 있는 성질의 것이 아니다. 바르트가 말한 대로 우리의 시간은 유예된 시간이고 제한이 있다. 그러나 하나님의 시간은 우리를 새로운 시간, 곧 참 미래로 지속하게 한다. 참 미래로 지속되는 시간 공간에 대한 표상은 연대기적인 시간 경험에는 적당하지 않다. 다시 말하면, 죽은 자들의 부활에 대한 희망은 직선상의 연대기적 시간의 제한을 넘어선다.

셋째, 재림의 지연은 시간의 문제로 이해해야 한다. 묵시론적 표상은 단지 보조 매개일 뿐이다. 이 점에서 판넨베르크와 융엘은 결정적인 차이를 보인다. 즉 판넨베르크는 재림의 지연을 시간의 문제로 인식해야 한다고 지적했다. 그러나 융엘은 판넨베르크가 묵시론적 시간 개념으로만 보려했다고 비판한다.

그러면 융엘은 시간을 어떻게 보라고 제안하는가? 예수의 부재의 문제는 사적 예수에 대한 논란에서 기독론의 중대성을 다시 한 번 확인시켰다. 다시 말하면, 우리가 사적 예수에 대한 여러 견해 차이가 있다는 것을 인정하는 한, 장소적인 의미로 표상된 시간과 종말론적 시간의 차이는 하나님의 가까움에서 해결된다. 일반적으로 시간을 거리의 연속 또는 지금과 다음의 연장으로 생각하지만, 하나님의 시간은 인간의 시간과 전적으로 다르다. 하나님의 시간은 현재에서 펼쳐지는 미래가 아니라 현재를 새롭게 포함하는 미래를 열어주는 종말론적 시간이다. 현재를 새롭게 포함하는 미래를 열어주는 것은 다름 아닌 부활이고, 이런 차원에서 우리는 융엘이 왜 부활을 죽음의 시간의 극복으로 보고 그리고 종말론에 왜 특별한 가치를 두는지 알게 된다. 예수 그리스도를 종말론의 관점에서 읽어내는 융엘의 관점에서 가장 특이한 점은 종말이 물리적으로 경험되지 않고, 역사적인 경험으로 나아가야 한다는 생각이다. 종말을 역사적으로 경험할 수 있다는 말은 하나님을 시간의 주체로 인정하면서 동시에 하나님이 역사의 시작이고 동시에 종말이라고 보는 것이다. 이 지점에서 융엘은 선험적 사고에 젖어 있는 것으로 보이고, 종교 심리학적으로 접근하고 있는 것으로도 보인다. 그러면서도 묵시론적 경험을 말하기도 한다. 필자가 보기에, 융엘은 시간에 대한 사변적 이해를 벗어나지 못하고 있음에 틀림없다.

사람들은 시간을 장소 개념과 연결하여 생각한다. 시간의 절대적 독립성을 강조한 뉴턴의 고전 물리학과 달리 아인슈타인은 시간의 상대성 그리고 장소와의 비분리를 그 특성으로 규정했다. 그 이후 우리는 시간을 여러 가지 자연과학적 접근 가능성들로 설명하는 것을 익히 알고 있다. 그러나 죽음의 시간을 끝이라 보지 말도록 만든 하나님의 시간, 곧 예수의 시간은 우리의 일상적인 시간과 대립된다. 예수의 죽음의 시간 속에서는 현재가 미래를 포함하지 않고 미래를 새롭게 열리도록 한다. 그렇기 때문에 융엘은 부활을 죽음의 시간의 극복이라 했다. 여기에서야 비로소 종말론의 의미 부여가 이해된다. 융엘이 시간 개념을 끝까지 하나님의 영원과 관련하여 이해하려고 했던 취지가 드러난다. 하나님은 시간과 관련해 볼 때, 역사의 처음이며 끝이다. 따라서 계시는 십자가에 달려 죽으신 예수의 부활의 때에 일어났다. 즉 하나님의 시간은 죽음의 시간을 극복한다. 그래서 필자는 융엘의 신학적 출발점이 부활이라고 한 것이다. 예수 그리스도가 현재해야만, 그의 죽음이 미래를 열어 준다. 하나님의 가까움은 그 자체로 죽음 속에서 통합되어야만 한다. 이 하나님 나라의 가까움이 예수가 선포한 핵심이다. 하나님의 나라의 가까움은 결코 연대기적으로 이해 할 수 없다. 왜냐하면 하나님의 나라가 가지는 시간 공간의 표상들은 이러한 경험에 전혀 맞지 않기 때문이다. 우리의 시간은 하나님의 나라의 가까움 속에서 끝나지만, 하나님의 시간은 우리를 새로운 시간, 곧 참 미래로 유지하게 한다. 새로운 시간인 하나님의 미래가 예수 그리스도의 십자가와 부활을 명료하게 한다.

요약

윰엘의 기독론은 십자가와 부활에 대한 종말론적 이해에 근거한다. 십자가는 윰엘 신학의 출발점이고 근간이며, 부활은 기독교 신앙의 정초로서 기독론적 신학의 공리로 작용한다. 예수의 십자가에서의 죽음을 통해 인간 예수와 하나님의 영원과의 통일이 이루어졌다. 부활하신 예수 그리스도는 우리에게 새로운 미래인 종말론적 시간을 열어주었다. 우리는 십자가를 통해서만 하나님의 고난에 대해 설명할 수 있다. 하나님은 십자가를 통해 예수와의 동일화를 이루셨다. 하나님은 십자가를 통해 하나님 자신을 증명하셨고 하나님에게 낯선 것으로 생각될 수 있는 죽음이란 더 이상 존재하지 않음을 보여주었다. 또한 죽음이 우리를 더 이상 주관할 수 없다는 것을 제시했다. 십자가는 죄로 말미암은 죽음이 더 이상 우리를 주관하지 못함을 공시했다. 따라서 우리는 하나님의 영광을 위한 죽음을 말할 수 있게 되었다. 부활은 결코 연대기적인 역사의 시간이 아니다. 부활은 종말론적 시간으로 하나님의 시간이다. 하나님의 시간은 현재에서 펼쳐지는 미래가 아니라, 현재를 새롭게 포함하며 미래를 열어주는 종말론적 시간이다.

# 5. 죽음의 신학

윙엘은 자연과학이나 정치 이데올로기 또는 경제의 신(Mammon)을 현대 문화의 가장 위협적인 신학에 대한 도전이라고 보지 않았다. 그는 신의 죽음으로 말미암은 허무주의을 가장 큰 도전으로 보았다. 따라서 상대주의에 빠져 방향성을 상실한 시대를 향하여 윙엘은 그 대안으로서의 신학의 필요성, 곧 살아계신 하나님의 죽음이 극복한 허무주의의 무성(Nichtigkeit)의 실체를 드러내어 살아계신 하나님이 바로 희망의 근거임을 제시한다. 즉 하나님은 죽음을 통해 하나님 자신과 인간의 차이를 명확히 하고자 하셨으며, 죽음도 하나님의 구속의 일을 방해할 수 없음을 보이셨다.

윙엘의 죽음의 신학이 가지는 중요한 함의는 예수의 죽음을 '죄의 삯'으로만 이해하지 않고 하나님과의 관계 속에서 이해해야 함을 밝히는 데 있다. 윙엘은 다음을 분명하게 증명한다. 즉 예수의 죽음은 바로 하나님의 죽음이다. 그는 우리들에게 예수 그리스도의 죽음의 의미가 부활 속에서야 온전하게 드러남을 잘 논증해 준다. 예수 그리스도는 십자가에서의 죽음을 통해 하나님과 동일한 분이심을 증명하셨고 인간의 죄를 속량하신 대속자이심을 보이셨다. 예수의 '하나님의 영광과 하나님의 뜻을 위한 죽음'만이 구원을 위한 대속의 죽음과 죽음을 이기는 하나님의 방식임을 밝힌다. 또한 현대사회 속에서의 죽음의 문제, 곧 "죽음에 대한 무관심(apatheia)"[14]을 니체가 제기한 신의 죽음의 문제의 연장선으로 이해하여 죽음의 문화를 생명의 문화로 바꾸어야 한다. 그래야 무관심에 대한 도전에 신학적인 응답을 줄 수 있음을 밝힐 수 있다.

## 1) 문제 제기 : 라너와 죌레의 죽음의 신학

현대 문화는 니체가 고발한대로 허무주의의 문화이다. 허무주의는 극단적 상대주의로 우리를 이끌어 가고 있다. 자연과학은 아인슈타인의 상대성을 넘어 하이젠베르크의 양자역학에 기초해 불확정성의 시대를 도래시켰다. 철학은 이성의 도그마를 무너뜨리고 포스트모더니즘이라는 진리 상대주의로 이끌어 가고 있다. 역사의 상대주의가 예고한 미래의 불확실

---

14) 김균진, 『죽음의 신학』(서울: 대한기독교서회, 2002), 89.

성이 우리 시대의 불안을 대변하고 있다. 종교다원주의는 기독교의 절대성과 유일성이라는 진리를 거부한다. 그러나 우리 시대에 가장 위험한 적은 다름 아닌 신의 부정, 곧 신의 죽음이다. 신이 없는 시대, 신이 없음으로 인해 오히려 행복해 하는 시대, 신에 대해 무관심한 시대, 신의 죽음으로 말미암아 닥친 허무를 극복하기 위해 다른 신을 찾는 시대에게 융엘은 살아계신 하나님의 죽음을 재등장시킨다.

신학자 융엘은 십자가의 죽음을 통해 죽음이 우리에게 더 이상 미칠 수 없게 되었다고 한다. 그러나 사람들은 이것을 깨닫지 못하고 있다고 경고한다. 그는 이 사실이 신앙인 뿐 아니라 누구에게나 해당하는 보편적 사건이라고 강조한다. 다시 말하면, 예수의 죽음은 죽음의 폭력성을 고발하며, 다시는 그러한 죽음이 우리를 지배할 수 없다는 사실을 명시했다는 것이다. 그리고 우리에게 죽음의 공포와 불안이 더 이상 유효하지 않음을 제시하고 죽음의 폭력성의 원인인 인간의 문제를 인간이 해결할 수 없다는 점을 분명하게 보였다고 한다.

1971년에 출간된 융엘의 『죽음』[15]은 죽음에 대해 신학적

---

15) 이 책은 바르트의 『교회 교의학 III/2, IV/1(*Kirchliche Dogmatik III/2, IV/1*)』과 라너(Karl Rahner)의 『죽음의 신학에 대하여(*Zur Theologie des Todes*)』, 슈나크(Gerd Schunack)의 『죽음의 해석학적 문제(*Das hermeneutische Problem des Todes*)』 그리고 죌레(Dorothee Sölle)의 『대리(*Stellvertretung, Ein Kapitel Theologie nach dem Tode Gottes*)』등

으로 고찰하고자 할 때 반드시 읽어야 할 고전이다. 그는 이 책에서 예수 그리스도의 십자가와 하나님의 죽음의 문제를 중심 주제로 다시 등장시킨다. 그는 하나님의 죽음을 예수 그리스도의 죽음을 통해 설명함으로써 근대철학이 제기한 신의 죽음의 문제에 대해 신학적으로 대답한다. 그의 신학의 핵심은 주지하다시피 십자가 신학이다. 그는 세간에서 회자되고 있는 인간의 죽음의 고유성이나 생태계의 죽음의 심각성 그리고 사회·정치적 차원의 죽음의 문제보다도 십자가에서의 예수의 죽음을 이해하는 것이 신학자의 과제임을 잊지 않는다. 그러나 그의 논의는 "고유한 죽음"이 도대체 무엇이냐는 질문으로 시작한다. 라너는 인간의 죽음의 고유성을 "삶 속에서 만나게 되는 자유결정의 유한성"[16]이라 하면서, 이러한 죽음의 내적 계기가 충분하게 고찰되지 못하고 있다고 지적한다. 바로 이 점을 정당하다고 여긴 융엘은 고유한 죽음의 문제를 다루려면 인간학적 죽음이나 사회적 죽음 또는 생물학적 죽음이나 철학적 죽음에 대한 사유에서 출발해서 결국 예수의 죽음이 가지는 비밀에 대한 해명으로 나아가야 한다고 보았다. 인간학적 죽음의 이해에만 머무르고 말 때 뒤따르는

---

의 영향을 받고 썼다.

[16] Christiane Hannhorst, *Karl Rahners Theologie des Todes als Grundlage einer praktischen Begleitung vom Sterbenden*, (Berlin, 1997), 176.

어려움은 구약의 전통인 죽음의 보편성이 예수에게도 적용될 수는 있지만, 죄의 삯으로서의 죽음이라는 도식으로 예수의 죽음을 모두 설명하기 어렵다는 문제가 발생하게 된다. 김균진 교수가 "삶 한가운데 있는 죽음의 현실"[17])을 목도한 것도 옳았지만, 그 삶 한가운데 있는 죽음이 '하나님과의 관계의 기준'이 될 수 없고, 오로지 예수 그리스도만이 하나님과의 관계의 기준이 되며 예수 그리스도를 믿는 신앙만이 하나님과의 관계의 기준이 될 수 있다고 본다. 다시 말하면, 삶의 한가운데 있는 예수의 죽음을 바라보는 제자들의 시각은 다양하지만 예수의 죽음이 하나님과의 관계 속에서야 비로소 인류를 위한 대속의 죽음이었고 하나님의 사랑의 궁극적 확증이었음을 드러내기 때문이다.

나사렛 예수의 죽음이 가지는 인간학적 죽음 이해와는 다른 맥락에서, 그리스도 예수의 죽음이 가지는 신의 죽음의 문제를 제일 먼저 언급한 사람은 헤겔이었다. 그리고 니체가 신의 죽음의 문제를 완성시킨다. 니체의 신의 죽음이라는 문제 제기는 전통 형이상학적 신 이해를 거부함으로 가능했다. 니체는 '신은 영원자이기 때문에 유한자에게 적용되는 죽음이 신에게 일어날 수 없다'는 사고에 이의를 제기하고, 초월자로

---

17) 김균진, 『죽음의 신학』, (서울: 대한기독교서회, 2004), 17 이하.

서의 신 그리고 도덕의 신으로서의 신의 죽음을 선언했다. 이러한 문제 제기는 예수 그리스도의 십자가의 죽음을 다시 의미 규정하도록 신학자들을 촉구했다. 이러한 성부 고난설에 대해 현대신학의 흐름—특히 몰트만—은 십자가의 예수 그리스도를 죽을 수 없는 형이상학적 신이 아니라, 죽기까지 순종하는 아들과 아버지의 관계 그리고 아버지의 뜻과 관련하여 설명한다. 융엘이 보기에 예수의 죽음은 두 가지 문제를 주의해야 했다. 먼저 예수의 죽음이 하나님과의 관계를 떠나서는 설명될 수 없다는 것이고 다른 하나는 바르트를 통해 명확하게 의미부여 된 것처럼, 예수의 죽음이 우리에게 미치는 영향, 곧 부활하신 예수 그리스도를 믿는 우리에게는 더 이상 죽음이 있을 수 없다는 사실이다. 그에 따르면, 예수의 죽음은 "우리를 위한" 죽음이었다. 따라서 죽음은 더 이상 우리를 지배할 수 없게 되었다.

헤겔은 '신은 죽었다'는 명제를 통해 예수의 십자가에 대한 논의가 불가능함을 신학자들에게 통지한 것이 아니다. 오히려 헤겔은 신의 죽음을 삼위일체적으로 사고할 수 있는 가능성을 열어 주었다. 신의 죽음을 선포한 니체는 십자가에 달리신 하나님에 대한 선포가 사실은 전지전능한 하나님의 부정이라는 사실을 다른 신학자들보다 더 분명히 인식하고 있었는지도 모른다. 이런 문제 제기에 대해 '신의 죽음의 신학'을 제기한 60년대의 미국 신학자들은 직접적으로 대답하지 못했다. 그러나 융엘은 여성 신학자 죌레[18]가 신의 죽음의 문제가 바로 신학적인 문제라는 점을 올바로 인지하고 있다고 보았다. 더 나아가 그녀는 '신의 죽음'에 대한 논의나 선포가 기독교가 어떤 경우에도 거부될 수 없음을 명시해 주었다. 그녀는 성경이 말하는 하나님을 "자신이 창조한 것으로부터 완전히 독립하여 모든 것을 할 수 있는, 그러나 아무도 필요로 하지 않는"[19] 하나님으로 보지 않았다. 오히려 인간 없이는 존재할 수 없고, 존재하고자 원하지 않는 하나님으로 이해했다. 하나님은 우리를 필요로 하고, 우리는 하나님을 필요로 한다. "하나님은 우리에게 의존한다. 그는 무력하며, 우리의 도움을 필원 한다."[20] 아쉬운 점은 그녀가 하나님을 이 세계를 초월해 계시는 최고 본질[21]로 이해하지 않았음에도 불구하고 그리스도를 단지 부재하는 하나님의 "대리일 뿐이다"[22]고 본 점이다. 필자가 보기에 그녀는 우리에게 하나님 없는 그리스도를

---

18) Dorothee Sölle, *Stellvertretung, Ein Kapitel Theologie nach dem Tode Gottes*, (Stuttgart, 1965).

19) Dorothee Sölle, *Das Rechteinanderer zu werden*, (Neuwied und Berlin, 1971), 63.

20) Sölle,, *Stellvertretung*, 204 f.

21) Dorothee Sölle, *Atheistisch an Gott glauben. Beiträge zur Theologie*, (Olten, 1968), 79.

22) Sölle, *Stellvertretung*, 186.

강요하는 것 같다. 필자의 생각과 마찬가지로 융엘도 하나님 없이 단지 대리일 뿐인 그리스도에 대한 죌레의 이해를 거부한다. 그래서 융엘은 하나님이 십자가에서 인간의 죄를 대속해서 죽은 인간 예수와 동일화를 이루셨음을 분명히 밝힌다. 그는 이미 1968년에 십자가의 예수 그리스도와 하나님의 통일에 대해 관심을 가졌었다.23) 그는 이 논문에서 부활과 분리해 십자가를 생각해서는 안 된다고 보았다. 또한 하나님은 부활 속에서 자신을 살아계신 하나님으로 증명했음을 보여준다고 했다. 그는 이 모든 내용을 아주 역설적인 제목인「살아계신 하나님의 죽음에 관하여」라는 제목에서 설명했다.

살아계신 하나님의 죽음인 예수 그리스도의 죽음은 죽음을 죽이고 죽음을 생명으로 옮긴 사건이다. 따라서 이를 증언하고 있는 성서를 통해 니체가 제기한 신의 죽음의 문화를 극복할 수 있는 가능성을 제시할 필요가 있다.

## 2) 성서가 말하는 죽음의 이해

성서가 말하는 죽음에 대한 이해의 가장 큰 특징은 죽음을 하나님과의 관계에서 이해할 때 드러난다는 점이다. 그리고

---

23) Eberhard Jüngel, "Vom Tod des lebendigen Gottes. Ein Plakat", in: *Unterwegs zur Sache. Theologische Bemerkungen,* (München, 1972)

죽음의 이해는 구약 성서와 신약 성서에서 다르게 나타난다.

(1) 구약 성서의 죽음 이해의 특징

구약 성서는 죽음을 하나님과의 관계에서 이해하고 규정했다. 그것이 가지는 중요성은 다음 두 가지이다.

첫째, 죽음이 무엇인지 규정할 수 있는 근거를 제시한다. 죽음은 하나님과 같이 되고자 한 인간의 죄 때문에 임하게 되었다. "죽는 것이 사람에게 정하신 일"(히 9:27)이 되었기 때문에 "죽음은 보편적 필연이다."[24] 둘째, 죽음으로 인해 하나님이 생명의 창조주이시고 동시에 죽음의 통치자이심을 분명히 하셨다. 그러나 묵시사상을 통해 죽음에 대한 이해는 완전히 바뀐다. 하나님 스스로 죽음을 극복할 수 있는 매개로 그리스도를 허락하시고, 죽음의 극복 방식으로 부활의 역사를 펼치신다. 구약 성서의 죽음에 대한 이해와 관련하여 우리가 주목해야 할 사항은 하나님이 죽음을 통해 하나님이심을 증명하셨고 또한 하나님 스스로 죽음을 이기는 방식으로 그리스도의 부활을 허락하시어 이를 통해 자신이 하나님이심을 드러내신다는 점이다. 그러므로 필자는 구약의 죽음 이해를 세 가지로 정리해 보고자 한다.

---

24) 김영선, 『생명과 죽음』, (서울: 다산글방, 2002), 204.

첫째, 구약 성서는 죽음을 통해 여호와의 주권을 강조한다. 여호와는 죽이기도 하시고 살리기도 하신다.(삼상 2:6-7, 신 32:39) 이처럼 구약 성서는 죽음을 하나님과의 관계 속에서 규정했다.

둘째, 이제 죽음은 인간의 일이 되었다. 죽음은 인간이 하나님과 같아질 수 없는 징표가 되었다. 구약 성서가 죽음을 피하고 싶은 부정적인 내용물로 기술하는 이유는 스올에서는 주님을 찬양할 수 없기(시 6:6) 때문이었다. 하나님이 인간을 창조하신 이유는 하나님을 찬양하기 위함이었다. 그러나 죽음은 하나님을 찬양할 수 없게 만든다. 죽음에 대한 이러한 이해는 죽음을 하나님과의 관계에서 이해하지 않으면 도출될 수 없는 내용이다.

셋째, 그러나 우리가 구약 성서의 죽음에 대한 태도 속에서 배워야 하는 점은 고통 중일 때, 그리고 죽음의 상태에 놓여 있을 때 더욱더 여호와를 갈망한다(시 18:3-6)는 시편기자의 신앙정신이다. 우리는 우리의 삶이 평안할 때보다 고통과 죽음의 상태에 처해 있을 때 하나님을 더욱 간절하게 찾는다. 그런 의미에서 죽음은 하나님과 우리를 갈라놓지 못한다. 죽음이 하나님과 인간의 단절이라 하지만 그 단절은 존재론적 단절이 아니라 관계의 단절이다. 특별히 신앙적 관계이기 때문에, 더구나 그 신앙의 관계가 인격성을 함축하고 있어서,

상호 신뢰성이 상실되면 그 관계는 파괴되고 만다. 그러나 구약 성서는 오히려 상호 신뢰성을 회복할 수 있는 길을 소개한다. 예를 들면 시편 기자처럼 죽음의 상태 속에 처해 있을 때, 더욱 여호와를 갈망한다. 이 시편 기자의 신앙정신을 따라 우리가 두려워해야 할 것은 죽음이 아니라 바로 하나님과의 관계 여부이다. 신앙 안에서 볼 때, 죽음은 여호와를 찾게 하는 매체가 된다. 하나님 안에서의 죽음은 벌이 아니라 회복이고 화해이며 다시금 하나님과 화목하게 되는 길이다. 하나님이 죽음을 창조한 것이 아니라 인간이 하나님과 같이 되고자 함으로 죽음이 사람에게 이르게 되었다. 그러나 그 죽음이 영원할 수 없는 것은 하나님이 인간과의 관계를 새롭게 회복하시고 새롭게 하시기 원하시기 때문이다. 만약 이처럼 하나님이 죽음을 창조하지 않았다면, 죽음의 기원이 어디에서 왔는지 그 기원을 설명해야 한다.

① 죽음의 기원

우리는 죽음의 기원과 관련해서 네 가지로 나누어 생각해 볼 수 있다.

첫째, 창조 속에는 죽음이 없었다. 그렇다고 인간이 하나님처럼 영원히 사는 존재로 창조되지 않았다면, 죽음의 기원은 무엇이고 어디인가? 하나님이 창조하셔서 보기에 좋았고, 더구나 완전한 하나님의 형상을 따라 창조되었는데도 불구하고 죽음이 있을 수 있었는가? 사람들은 일반적으로 하나님의 창조가 완전하기 때문에, 창조 속에 죽음이 포함되어 있지 않았다고 생각하려고 한다. 또한 인간이 하나님의 형상을 따라 창조되었으므로 인간이 불멸적인 존재로 창조되었다고 생각한다. 그러나 만약 그렇게 되면 인간과 하나님과의 차이는 없어지게 된다. 따라서 성서는 그것을 거부할 것이다. 그러면 죽음이 어떻게 인간에게 들어오게 되었는가? 신학은 이 문제를 악의 신정론 제하에서 다루어 왔다. 성서는 인간이 하나님과 같이 되고자 하는 죄 때문에 죽음이 인간에게 이르게 되었다고(창 3:22) 설명한다. 엘리 제사장이 죄의 벌로서 친족 중에 노년에 이르는 사람이 하나도 없게 된다는 소리를 들었듯이(삼상 2:31) 우리는 죽음을 하나님의 창조질서에 대한 도전의 징표로 읽어야 한다.

둘째, 만약 죄의 삯으로 죽음이 세상에 들어오게 되었다면, 죄는 과연 하나님의 창조 계획도 무산시킬 수 있는가? 왜 하나님은 자신의 창조가 파괴되거나 훼손되는 것을 용납했을까? 이 문제는 하나님의 현존 안에 왜 죽음이 있는지의 문제와 관련하여 대답해야 한다. 구약 성서는 하나님께서 창조하신 것이 보시기에 좋았음을 깨뜨릴 수 있는 그 어떤 세력도 인정하지 않는다. 비록 인간이 하나님과 같이 되고자 함으로 죽음이 있게 되었지만, 다시금 부활을 통해 하나님과 같이 거할 수 있도록 하신다. 이것은 기독교가 죽음을 인간과 하나님을 가르고 분열시킬 수 있는 매체로 보지 않았음을 증명해 준다. 따라서 우리는 더 이상 죽음을 부정적으로만 보면 안 된다. 오히려 죽음을 통해 하나님을 보다 잘 알 수 있는 가능성을 찾아야 한다. 인간에게 죽음은 저주요, 극복할 수 없는 한계상황이다. 죽음에서 벗어나고자 함으로 신앙을 가능하게 했다. 또한 죽음은 하나님이 하나님이심을 드러내는 매체이자, 하나님이 죽음의 주관자이심을 드러내시는 방식이기 때문에, 죽음을 반드시 저주로 이해할 필요는 없다. 즉 하나님 안에서 죽음은 하나님의 일을 방해할 수 없다. 육체의 죽음조차도 여호와의 구속하심을 방해할 수 없다. 그의 구속하심은 육체의 죽음을 넘어서기 때문이다(시 73:26-27).

셋째, 에녹의 승천(창 5:24)과 엘리야의 승천(왕하 2:11)에서 보듯이 구약 성서에는 죽음이 없는 경우가 나온다. 이 문제는 모든 사람에게 죽음이 미친다는 죽음의 보편성에 이의를 제기한다. 「창세기」 3장 22절과 24절을 주의 깊게 읽어보면, 사람이 불멸의 존재가 아니었지만, 그렇다고 죽음의 존재도 아니었음을 알게 된다. 죽음이 인간에게 들어오기 전까지는 마치 불멸의 존재처럼 하나님과 함께 죽지 않고 살고 있었음을 의미한다. 더 나아가 이 사건은 하나님 안에서라면 죽음도 없을 수 있음을 보여주는 예표이다.

  넷째, 모든 사람이 아담이 지은 죄—하나님과 같이 되고자 함—를 범한 것도 아닌데, 왜 우리는 아담처럼 죽어야 하는가? 죄에도 종류가 있고, 경중(輕重)이 있지 않는가? 무엇 때문에 아담이 지은 죄로 인해 나도 죽어야 하는가? 하나님과 같이 되고자 함에 해당하지 않는 죄, 예를 들어 십계명 중 5계명에서부터 10계명에 해당하는 죄를 지어도 죽어야 하는가? 그렇다면 과연 죄는 전승되는가? 아버지의 이가 시다해서 아들의 이가 신게 아니지 않는가?

② 묵시사상 이후의 죽음 이해

  구약 성서에는 죽음의 문제에 대한 묵시문학 이전과 이후에 결정적인 이해 차이가 나타난다. 「창세기」에 따르면, 하나님과 같이 되고자 하는 인간의 죄 때문에, 정녕 죽으리라는 하나님의 정하심이 있게 되었다. 그러나 이러한 하나님의 죽음의 정하심을 취소하거나 없앨 수 있는 힘은 없었다. 죽음의 무거운 짐이 인간에게 드리워졌다. 죽음에서 벗어날 인간은 아무도 없다. 그러나 묵시문학은 죽음을 이길 수 있는 가능성을 제시한다. 이것이 바로 그리스도를 통한 부활 사상이다. 이제는 더 이상 죽음을 저주로 볼 필요가 없게 되었다. 왜냐하면 하나님이 죽음을 이기고 죽음의 주인이심을 드러냈기 때문이다. 또한 죽음을 넘어선 부활을 우리가 받았기 때문이다. 죽음보다 부활을 강조해야 하고, 죽음을 이기는 부활이 그리스도를 통해 의미부여 되어야 한다. 바로 이러한 사건이 신약 시대의 주제였다.

(2) 신약 성서 안에서 죽음의 가장 중요한 특징

신약 성서 안에서 죽음 이해의 가장 중요한 특징은 예수 그리스도와 관련하여 죽음을 이해하거나 규정했다는 점이다. 예수 그리스도는 구약의 전승을 따라 죽음을 하나님과 관련하여 이해했다. 신약 성서는 예수 그리스도의 죽음을 통해 죽음을 저주—1차적 죽음—가 아니라 하나님과의 새로운 관계, 곧 하나님과 영원히 거할 수 있는 가능성을 제시했다. 구약이 죽음을 하나님과의 관계 속에서 규정했다면, 신약은 죽음을 예수 그리스도를 통해 이해했다. 하나님은 예수의 죽음을 통해 죽음을 무력화시키셨다. 이로써 죽음은 더 이상 우리에게 영향을 미칠 수 없게 되었다. 그러면 예수 자신은 죽음을 어떻게 이해했을까?

① 예수의 죽음 이해

예수는 아버지와의 관계 속에서 죽음을 이해했다. 예수는 죽음을 죄의 삯으로 이해한 것이 아니라, 아버지와 연관하여 생각했던 것이다. 예수는 죄 때문에 병들거나 죽는다고 말씀하지 않았다. 그분은 아버지의 영광을 위해 죽는다고 하셨다. 예수는 마리아의 오빠 나사로의 죽음을 놓고도 이 병은 죽을 병이 아니라, 하나님의 영광을 위함(요 11:1-11)이라 했다. 제자들이 예수께 '소경으로 난 것이 누구의 죄 때문입니까?' 물었을 때에도, 예수는 그에게서 하나님의 하시는 일을 나타내고자 함이라(요 9:1-8)고 대답했다. 예수가 잡히시기 전날 밤 기도하실 때에도 "나의 원대로 마옵시고 아버지의 뜻대로 죽음이 이루어져야 한다"라고 했다. 이러한 예수의 죽음에 대한 이해는 죄 때문에 죽는다는 사고가 더 이상 유효하지 않음을 제시하신 것이다. 그 극복 방식은 하나님과 관련하여 죽음을 이해할 때에야 비로소 가능하다. 하나님이 죽음을 허락했으니 그 하나님이 죽음을 이기는 길도 주신다는 생각이 가능한 것이다.

② 예수의 죽음에 대한 제자들의 이해

제자들은 예수의 죽음을 처음부터 구원사건으로 이해했을까? 제자들은 자신들이 따르던 그리스도가 왜 고난을 받고 죽어야 하는지 이해하지 못했다(눅 24:26). "그가 그리스도이기를 바랐다"라는 말은 그들이 예수를 그리스도로 이해하지 않았음과, 그리스도는 죽을 수 없음을 내포하고 있기 때문이다.

그러나 제자들은 부활을 통해 "우리를 위해" 죽었다고 고백한다. 제자들은 예수의 죽음을 하나님의 구원 경륜에 따른 필연적 사건으로(막 8:31; 눅 17:25; 22:37; 24:7,26,44) 해석하거나, 아들을 내어 주심이라는 희생정신으로(롬 8:32; 4:25) 언명했다. 제자들의 예수의 죽음에 대한 이해는 바울을 통해 '대리적 속죄론', 곧 '구원론적 죽음' 이해로 체계화되었다. 바울은 예수의 죽음을 대리적 속죄(히 2:17; 롬 5:8; 8:32; 엡 1:7), 속전과 속량(막 10:45; 갈 3:13), 그리스도와 함께 죽고 부활에 참여하는 것(롬 6:1-11; 갈 2:19), 죽음의 권세에 대한 승리(마 27:51b-53; 계 1:18) 등으로 소개한다.

바울의 예수의 죽음에 대한 이해의 가장 큰 특징은 십자가의 죽음을 부활을 통해 보았을 때 전혀 새로운 이해를 한다는 데서 드러난다. 바울은 나무에 달리는 자는 하나님의 저주를 받은 자(신 21:23; 갈 3:13)라는 「신명기」의 이해를 따라, 예수의 죽음을 저주로 보았다. 그러나 다메섹 도상에서 빛 가운데 임하신 부활하신 예수를 만나고 나서는 십자가의 죽음을 우리를 위한 대속의 죽음으로 구원사적으로 선포하였다. 부활이 없다면, 십자가는 예수의 십자가라도 "저주 받은" 징표일 뿐이다. 십자가는 부활을 통해 이해해야 그 본래 의미가 드러난다. 바울은 십자가를 부활 없이 이해할 때, 죽음이 얼마나 큰 저주인가를 보여 주었다.

요한은 예수의 죽음을 하나님의 사랑의 궁극적 형태로 보았다. 요한은 죽음조차도 하나님의 사랑의 표현으로 받아들인다. 물론 바울도 예수의 죽음을 하나님의 "사랑을 확증"(롬 5:8)한 것이라 했다. 요한의 이해에 기초하면 예수의 죽음은 인간을 구원하기 위해 죄의 삯을 치러야 하는 보응대가가 아니라, 하나님의 사랑의 확증방식이다.

예수의 죽음에 대한 신약 성서의 이해와는 달리 니체는 예수의 죽음을 신의 죽음이라 정식화한다. 신의 죽음이라는 도전은 과연 신을 죽였는가? 아니면, 반대로 하나님이 살아계시는 분임을 증거했는가?

### 3) 근대의 신의 죽음

근대가 제기한 핵심적인 질문은 "신은 어디에 있는가?"이다. 이 문제에 올바로 답하기 위해서는, 신의 본질과 존재의 일치에 대한 근대 형이상학의 논란 속으로 뛰어 들어야 한다. 데카르트는 신의 존재와 본질의 일치가 인식하는 인간 주체의 사유 속에서 근거지워져야 된다고 생각했고, 니체는 신의 죽음까지 말하게 되었다. 신의 죽음은 유럽에 허무주의를 심었고, 신학에 도전장을 내밀었다. 이 도전에 대한 신학적 대답은 본회퍼가 체계적으로 시작한다. 그는 신의 죽음이 신학에 던지는 도전성을 깨닫고 신학이 그 문제에 답을 줄 수 있다고 제시했다. 그러나 융엘은 근대 형이상학이 제기한 이 문제의 해답을 헤겔이 이미 제시했다고 보았다. 헤겔은 "신은 신으로부터 사고해야 한다"고 했다. 이 원칙은 삼위일체를 말할 수 있는 터전을 제공했다. 헤겔은 이 원칙에 근거해 십자가를 하나님의 자기부정의 사건인 자기 비하적 자기 내어줌이라 한다.

융엘은 본회퍼와 헤겔에 대한 연구를 통해 신의 죽음에 대한 논란이 다름 아닌 신의 본질에 대한 논란이라는 사실을 지각하게 된다. 그러나 융엘은 신의 본질을 헤겔의 방식에 따라 설명하지 않고 본회퍼가 제시한 기독론에 기초해 설명한다. 융엘의 이러한 입장은 정당해 보인다. 신의 본질은 예수 그리스도의 십자가 속에서 드러나기 때문이다. 예수 그리스도의 십자가는 신의 본질을 '부재 속의 현존'의 방식으로 제시한다. 본회퍼는 그리스도인들에게 "비록 하나님이 계시지 않는다 할지라도(*etsi deus non daretur*)" 하나님 앞에서 살도록 촉구했다. 융엘은 본회퍼를 따라 오늘날의 상황, 특히 무신론의 상황에서 하나님을 부재 속에서 현존하는 분으로 경험할 수 있다고 말한다. 오늘날 우리는 하나님을 십자가 "말씀 속에서 부재하시나 현존하는 분"으로 경험할 수 있다. 이것을 융엘은 십자가에서의 하나님 말씀의 언어 사건이라 한다. 하나님의 말씀인 부활한 그리스도는 무신론의 세대에게 청함의 언어사건(Sprachereignis der Bitte)으로 현존한다. 융엘에 따르면, 우리는 십자가를 통해 하나님의 말씀인 예수 그리스도를 알 수 있다. 왜냐하면 하나님은 십자가의 말씀 속에서 자신을 하나님으로 계시하셨고, 우리를 위한 하나님이심을 증명하셨기 때문이다.

융엘은 본회퍼 뿐만 아니라 헤겔의 설명 방식을 통해서도 신의 죽음의 난제성을 풀어나간다. 헤겔에게도 이 문제를 풀 수 있는 장점이 있기 때문이다. 다시 말하면, 헤겔이 루터의 기독론의 전통과 계몽주의의 이성 사유를 함께 수용하고 있기 때문에, 헤겔을 통해 철학적 문제 제기에 쉽게 접근할 수 있기 때문이다. 그러나 이것은 융엘이 조심했어야 할 부분이다. 왜냐하면 헤겔은 방법론적으로 근대의 형이상학적 논리를 따라 신과 인간의 차이를 무시하고 인간을 신격화했기 때문이다. 또한 그의 좌파들처럼 신을 인간의 차원으로 끌어내려 버려 신과 인간의 관계를 정당하게 볼 수 없게 만들었기 때문이다. 그럼에도 불구하고 헤겔은 '신은 신으로부터 사유해야 한다'는 입장으로 최고 본질로서의 신을 더 이상 말할 수 없게 된 상황 속에서, 신을 다시금 생각 할 수 있게 하는 하나의 범례를 만들었다. 특히 그는 신의 죽음의 문제가 기독론에 근거해야 한다는 점을 지적했다. 그로 인해 근대를 규정하는 무신론에 대한 기독교의 신학적 답변을 제공할 수 있는 가능성을 열어 주었다. "신앙이 있다는 사실에 근거해서야 비로소 이성은 하나님의 빛 속에서 (기능을) 발휘할 수 있고, 또 발휘한다. 이성이 신앙에 뒤따라옴으로써 이성의 고유성이 드러난다."(1975, 125) 그러나 비록 융엘이 헤겔을 수용하고 있지만, 헤겔은 융엘과 달리, 신의 죽음의 문제를 해명하면서 사랑을 말하지 않았다. 우리는 이 점을 잊어서는 안 된다.[25] 이 문제를 좀 더 자세하게 살피기 전에 니체가 신의 죽음을 선언하게 된 배경부터 살펴볼 필요가 있다.

근대가 제기한 신의 죽음의 문제는 "너희들이 신을 생각할 수 있는가?"[26]라는 니체의 질문으로 정식화 되었다. '너희들이 신을 생각할 수 있는가?'라는 짜라투스트라의 질문은 '너희들은 신을 창조할 수 있느냐?'는 질문과 대비를 이루고, 이 두 질문을 "신은 하나의 추측에 불과"[27]할 뿐이라는 사실로 귀결시켰다. 니체에 따르면, 신은 우리의 생각이 만들어 낸 창작물일 뿐이다. "인간이 신을 창조했다."[28]

---

25) Nicolaus Klımek, *Der Gott - der Liebe ist: zur trinitarischen Auslegung der Begriffs "Liebe" bei Eberhard Jüngel*, (Essen, 1986), 64.
26) Friedrich Nietzsche, *Also sprach Zarathustra*, Nietzsche Werke VI-1, (Berlin, 1968), 105.
27) 위의 책, 105.
28) 위의 책, 42.

그러나 융엘의 분석에 따르면, 니체의 생각 속에는 분명한 모순이 들어있다. 즉 신이 죽어 더 이상 존재하지 않는데도 불구하고, '십자가의 신'을 허무성과 연결시키는 이유는 무엇인가? 니체는 '십자가 신'의 불가능성을 근거로 신의 죽음을 말하고 있지 않는가? 따라서 융엘은 신의 죽음이라는 근대의 무신론을 십자가 신학을 통해 대답할 수 있다고 보았다. 그래서 그는 예수 그리스도의 십자가를 무신론자들처럼 신의 죽음으로 이해하지 않고 하나님의 승리로 해석해 낸다. 십자가의 예수가 신성을 소유했다면, 예수의 죽음은 신의 죽음이 되는 것이고, 십자가의 예수가 나사렛 예수라면, 하나님 아버지는 아들의 죽음을 방관한 것이다. 이런 무신론자들은 하나님의 죽음의 의미를 놓치고 있다. 그러면 융엘이 말하는 하나님의 죽음의 의미는 무엇인가?

### 4) 하나님의 죽음의 의미

융엘은 예수 그리스도의 십자가의 결과를 '하나님의 죽음'으로 표현한다. 그러나 그것은 '살아계신 하나님의 죽음'이다. 살아계신 하나님의 죽음은 두 가지 결과를 가져왔다. 하나님 자신과 우리에게 미치는 결과이다. 하나님 자신에게는 어떤 결과를 가져왔을까? 하나님이 십자가에서 자신과 죽은 예수를 동일시하심으로 하나님이 자신을 끝없이 살아계신 분으로 계시하시고 계심을 뜻하게 되었다. 그러나 그것은 몰트만이 주장한 것처럼, 하나님 자신이 십자가에서 죽은 것이 아니다. 하나님 자신이 죽음 속에서 살아계시는 하나님으로 자신을 증명하신 사건이다. 하나님은 더 이상 죽음이 우리를 주관하지 못하게 했다. 하나님의 힘이 죽음에까지 미쳐 죽음 자체가 하나님의 죽음을 통해 무력화되었기 때문이다.

이 두 가지 결과는 살아계신 하나님의 죽음이 갖는 의미를 충분히 드러냈다. 따라서 이 두 가지를 분리해서 설명해서는 안 되고 함께 고려해야 한다. 「창세기」3장 22절 이하에 따르면, 죽음은 하나님과 분리되는 영역이었고 분기점이었다. "여호와 하나님이 가라사대 보라 이 인간이 선악을 아는 일에 우리 중 하나 같이 되었으니 그가 그 손을 들어 생명나무 실과도 따먹고 영생할까 하노라 하시고 여호와 하나님이 에덴동산에서 그 인간을 내어 보내어 그의 근본된 토지를 갈게 하시니라." 이 문장은 '인간이 하나님처럼 영원히 살 수 없다'는 것과, '하나님은 사람처럼 죽지 않는다'는 사실을 주지시킨다. 이런 표상을 중시하는 사람들에게 '하나님은 죽음 속에서 자신을 하나님으로 증명하셨다'는 사실을 받아들이라고 하면, 그들은 아마도 그렇게 하지 못할 것이다. 그러나 하나님은 죽음 속에서 자신을 하나님으로 드러내셨기 때문에, 이런 전통적인 죽음에 대한 이해는 더 이상 의미가 없게 되었다고 융엘은 말한다. "하나님은 죽음을 이기셨다."[29) 그러므로 하나님에게는 낯선 어떤 것으로 생각될 수 있는 죽음이라는 것이 더 이상 없게 되었다. 하나님의 힘은 죽음의 힘보다 크기 때문에, 하나님은 하나님의 죽음을 통해 죽음을 무력하게 만들었다.

이것이 바로 하나님 죽음의 의미이다. 하나님은 죽음 속에서 자신을 살아계신 하나님으로 제시하셨고, 하나님의 힘은 죽음에까지 미쳐 죽음 자체를 무력화시켰다. 그러면 이러한 융엘의 생각에는 문제점이 전혀 없을까? 십자가의 사건은 하나님을 위한 진정성이 아직도 있는가? 십자가의 사건은 하나님에게 전적으로 무력화된 죽음으로서만 만나게 하는가? 십자가 사건의 의미를 명확하게 할 때에만, 하나님의 죽음의 의미가 명료해진다. 따라서 이제는 십자가 신학을 살펴야 한다.

### 5) 죽음의 본질

생명을 올바로 이해한 사람이라야 죽음도 올바로 이해할 수 있다. 하이데거는 "인간은 죽을 수밖에 없는 존재"라는 문구로 인간이 유한한 존재임을 설명했다. 예를 들면 '인간은

---

29) Jüngel, "Vom Tod des lebendigen Gottes," 120.

죽음을 향한 존재'라든가, '죽음을 남에게 양도할 수 없다'든가 또는 '죽음에 대한 정확한 앎은 현존재의 본질을 올바로 규정한다' 등의 내용으로 죽음의 철학을 수행했다. 그는 죽음을 인생의 종말 사건으로 보았기 때문에, 가능성의 영역 안에 두다 보니, 죽음의 구체성을 결여하게 되는 문제성을 노출했다. 그는 죽는다는 사실에서 죽음에 대한 고찰을 시도하기 때문에, 죽음을 피하지 말고 죽음 앞에서 기획하라고 촉구하는 새로운 삶의 태도를 요구하기도 했다. 그러나 그는 죽음의 본질을 개인 차원에서만 제한적으로 바라보았다. 따라서 공동체의 죽음, 사회적 죽음, 그리고 타인의 죽음에 대한 통찰을 가로막고 말았다. 더 나아가 죽음 이후의 문제를 관심가질 수 없는 철학자로서 죽음의 문제를 고찰했기 때문에, 신학자들에게 죽음에 대한 새로운 규정을 요구하기도 했다. 그럼에도 그는 죽음에 대한 정당한 이해가 존재를 어떻게 올바로 규정할 수 있는지를 보여주었다.

즉, 죽음의 본질에 대한 정당한 이해가 필요하게 된 것이다. 따라서 하이데거가 남겨준 과제처럼, 죽음은 통합적으로 고찰해야 한다. 죽음에 대한 철학적 고찰이 중요한 만큼 이에 따라 신학자들의 이해도 따라야 한다. 죽음을 정당하게 이해하고자 할 때에는 죽음을 생명과 연관해 다루어야 하고, 죽음 이후의 삶과의 연관 속에서도 죽음을 다루어야 하기 때문이다. 또한 죽음을 다양하게 이해해야 하기 때문이다. 즉 죽음에 대한 생물학적 이해나, 사회적 죽음 그리고 신과의 관계에서 죽음의 본질을 올바로 이해하도록 노력해야 하기 때문이다. 김균진 교수는 죽음에 대한 하이데거의 이해가 가지는 문제점을 다음과 같이 지적했다. 하이데거의 입장에 충실하더라도 "죽음에 대한 하이데거의 분석은 현대 사회에서 죽음을 일으키는 모든 원인들을 분석하고 이것을 제거하며, 죽음을 일으키는 모든 세력들에 대하여 저항하는 일을 불필요한 것으로 만든다."30) 따라서 신학자로서 우리는 죽음의 본질에 대한 신학적 규정작업에 몰두해야 한다.

죽음의 본질을 인간 현존재가 가지는 유한성의 사멸이라고 규정한데서 바르트가 논의를 시작하듯이, 융엘도 "인간 존재의 제한들"(1980, 333 이하)이라는 말로 죽음의 본질을 기술하면서 논의를 시작한다. 예수의 경우나 우리 경우에도 죽음은 그 자체로 생명의 끝의 사건임에 틀림없다. 또한 "삶의 관계를 완전히 부수어 버리는 관계없음의 사건"(1971, 145)이다. 그러나 이런 식의 죽음에 대한 이해는 죽음을 "그 자체에 있어서 하나님의 심판이 아니며, 그 자체로 그리고 그 자체로서 하나님의 심판의 표징"31)으로 이해하기를 요구하지 않는

---

30) 김균진, 『죽음의 신학』 31쪽
31) Barth, *KD* III/2, 770.

다. 죽음은 "그 자체에 있어서 유한한 현존재가 지니는 한계의 형태"이며 "그 자체로서" 인간 본질에 속한다. 인간은 죽음 속에서 폐기되고 무화된다. 죽음이 생명을 무화하는 동안, 죽음은 생명을 끝낸다. 융엘은 죽음과 생명을 상호 연관시켜 보고 있다.

그러나 죽음을 생명과의 연관 속에서 규정하는데서 나아가 예수 그리스도를 통해 가능하게 된 죽음 이후의 세계와의 관계에서도 생각해 보아야 한다. 예수와의 관계 속에서 죽음을 고찰할 때에야 비로소 죽음을 올바르게 이해할 수 있다. 왜냐하면 예수 그리스도는 하나님과 죽음과의 관계뿐 아니라, 인간과 죽음과의 관계도 바꾸어 놓았기 때문이다. "하나님과 인간과의 새로운 관계는 하나님이 그에게 죽음 자체의 낯선 관계 없음을 짊어지게 하는 것 속에 있다. 이 관계들이 깨지고 끝나는 바로 그곳에서 하나님은 자기 자신을 세우신다."(1980, 139) 융엘은 전적으로 하나님의 사랑으로 이것들을 설명한다. 하나님은 죽음의 고통에 생명과 죽음을 새로운 관계로 가져가시기 위해, 즉 죽은 자들로부터 부활이라 명하게 하기 위해 사랑으로 참여하신다. 하나님은 아리스토텔레스가 말한 부동의 원동자가 아니다. 그분은 사랑으로 움직이는 분이시다. 어떤 생각이나 또는 교리나 설교이든, 그것이 하나님을 이 죽음의 고통에서 몰아내려 한다면 그것은 기독교 신앙의 본질에서 벗어나는 일이다. 우리는 하나님의 죽음을 말해야 한다. 여기에서 신학자들이 바라보는 죽음에 대한 이해의 의미가 드러난다.

죽음은 참으로 수수께끼이다. 죽음의 수수께끼는 죽음의 비밀을 아는 자에 의해서만 풀리기 시작한다. 신앙이 죽음을 이기신 하나님의 승리, 다시 말하면, 예수의 십자가에서의 죽음의 죽음을 말할 때, 그 신앙이 바로 죽음의 수수께끼를 참으로 받아들이게 한다. 신앙은 인간의 유한성을 알고 있다. 따라서 신앙은 죽지 않음이라는 어떤 꿈도 꾸지 못하게 한다. 오히려 신앙은 하나님의 죽음으로 죽은 인격을 잃지 않는다는 확신을 희망을 갖게 한다. 죽음은 우리가 충족 속에서 기다리던 시간 속에 "때가 차매"(갈 4:4)의 침입이다. 우리의 죽음의 시간이 하나님의 시간을 통해 극복되는, 그래서 새로움의 출현을 가능케 하는 부정의 조건이다. 이 새로움은 부활하신 그리스도의 생명과 더불어 모든 사물의 종말이 이미 지금 분명하게 드러났다고 하는 확실성 속에 있다. 이 확실성은 하나님이 예수 그리스도에게 행하신 것처럼 우리에게도 행하신다는 신앙 위에 정초한다. 죽음의 시간은 우리에게 가까이 옮겨진 삶의 시간이다. 우리가 이 죽음의 시간을 끝의 시간이라 한다면, 끝의 시간은 부활을 통해 새로운 시간을 가능케 하며, 그때에만 처음의 시간과 끝의 시간이 궁극적으로 타당하다는 것을 긍정한다.

## 6) 죽음과 시간

아인슈타인은 시간을 장소 개념과 연결하여 생각하도록 했다. 시간의 절대적 독립성을 강조한 뉴턴(I. Newton)의 고전 물리학과 달리, 아인슈타인은 시간의 상대성 그리고 시간과 장소와의 비분리를 규정했다. 그러나 죽음의 시간을 끝이라 보지 않게 만든 하나님의 시간, 곧 예수의 시간은 우리의 일상적인 시간과 대립된다. 예수의 죽음의 시간 속에서는 현재가 미래를 포함하지 않는다. 미래를 새롭게 열리도록 한다. 시간을 새롭게 할 수 있음이 바로 예수의 시간이 가지는 함의이다. 그래서 융엘은 부활을 죽음의 시간의 극복이라 했다. 여기에서야 비로소 종말론이 의미가 있음을 알게 된다. 하나님은 시간과 관련해 볼 때, 역사의 처음이며 끝이다. 따라서 계시는 십자가에 달려 죽으신 예수가 부활하실 때에 일어난다. 하나님의 시간은 죽음의 시간을 극복한다. 그러므로 융엘의 신학적 출발점은 부활이다. 예수 그리스도가 현재해야만, 그의 죽음은 미래를 열어 준다. 하나님의 가까움은 그 자체로 죽음 속에서 통합되어야만 한다. 예수가 선포한 이 하나님 나라의 가까움이 결코 연대기적으로 이해될 수 없는 이유는 시간과 공간의 표상들이 이러한 경험에 전혀 맞지 않기 때문이다. 우리의 시간은 하나님 나라의 가까움 속에서 끝나지만,

하나님의 시간은 우리를 새로운 시간, 곧 참 미래에 있게 한다. 새로운 시간인 하나님의 미래가 예수 그리스도의 십자가와 부활을 명료하게 한다.

죽은 자들의 부활에 대한 희망은 인간 생명의 직선적 시간의 제한을 넘어서는 사건이다. 그런 의미에서 윰엘은 죽음을 시간적인 생명의 영원화라 한다. 윰엘에 따르면, 죽은 자들의 부활은 "살았던 생명의 모음이고 영원화이며 계시다"(1971, 153). 시간은 부활 속에서 영원화 되며, 영원한 미래를 가진다. "만일 그렇다면, 지상의 삶은 탄생부터 죽음에 이르기까지 비디오 필름에 담겨져서 영원의 하늘 속에 보존될 것이며, 이것은 우리에게 그리 기쁜 소식은 아닐 것"[32]이다. 따라서 비록 몰트만에 의해 비판받기도 하지만, 윰엘의 입장에서 보면, 영원한 하나님과 시간 속에 사는 인간과의 관계를 죽음을 통해 고찰하고자 할 때, 영원 개념이 반드시 문제되는 것은 아니다.

요약

무신론의 허무주의는 신학의 존립 자체를 위협하는 가장 큰 요인이다. 니체는 신의 죽음을 선언해 무신론의 시대를 정형화

---

32) 위르겐 몰트만,『오시는 하나님 : 기독교적 종말론』, (서울: 대한기독교서회, 1997), 135

했다. 이것은 신학에 대한 도전이다. 따라서 신학은 이 문제에 답해야만 한다. 그것은 신학 안에서 통용되고 있는 것처럼, 그렇다고 해서 '하나님이 죽을 수 없다'는 신앙으로만 대처할 일이 아니다. 이제 이 문제는 우리 시대에 부여된 신학의 과제가 되어 버렸다. 신의 죽음을 선포해 버리거나(니체), 죽음의 문제를 포기하는(김균진) 태도에서 벗어나서 융엘이 제시했듯이, 살아계신 하나님의 죽음이 우리에게 주는 능력으로 그 문제에 대처해야 한다. 그 작업의 기초는 다름 아닌 성서 속에 있다. 우리는 성서를 통해 살아계시는 하나님의 죽음을 만날 수 있다. 예수 그리스도의 십자가는 죽음에 굴복한 것이 아니다. 오히려 죽음을 이기는 하나님의 능력의 증표였다. 다시 말하면, 죽음을 생명으로 바꾼 사건의 단초였다. 그 일을 위해서는 하나님의 죽음이라는 전무후무한 대가를 치루어야 했다. 인간은 결코 죽음을 이길 수 없다. 죽음 속에서 모든 인간이 무화되기 때문이다. 그러나 예수 그리스도의 죽음은 그 길을 열어 주었다. 구속받은 인간만이 죽음의 공포와 불안에서 자유로울 수 있다. 신의 죽음의 문제는 기독교로 하여금 정도를 걷도록 촉구했다. 신학은 정직하게 신의 죽음을 말해야 한다. 그리고 그 때에 기독교가 올바로 설 수 있음을 시인해야 한다. 신은 십자가에서 죽었으나, 동시에 부활하셨다.

# 6. 삼위일체론

 이제 융엘의 삼위일체론을 고찰할 차례다. 우리는 융엘의 기독론에 기초한 삼위일체론 전개를 긍정적으로 수용해야 한다. 융엘이 말하는 삼위일체 하나님은 사랑이시다. 융엘의 삼위일체론의 신학적 배경은 바르트의 말씀의 신학과 라너의 경륜적·내재적 삼위일체의 동일화 그리고 본회퍼의 신의 죽음의 신학 등이다. 이들 신학적 배경을 차례로 살펴보자.

## 1) 융엘의 삼위일체론의 신학적 배경

 문제 제기와 관련해서 융엘의 사상적 배경을 먼저 살핀 다음, 그것들이 왜 신학적 논의의 주제가 되었는지 논할 필요가 있다.

 먼저, 바르트는 『교회 교의학』서문에서 기독론에 기초해 삼위일체론을 체계화했다. 삼위 하나님의 자기 계시에 대한 해석으로서의 삼위일체론은 교의학 일반의 정초가 되었다. 그는 하나님이 자기를 계시하는 것 자체의 절대적 주권을 중시한다. 따라서 내재적 삼위일체를 강조한다. 그렇다면 바르트에게서는 경륜적 삼위일체론에서 내재적 삼위일체론으로 갈 수 없는가? 위격 안에서의 하나님의 구별은 문제가 된다. 따라서 그는 위격 개념 대신에 "존재방식"33)이라는 용어를 사용한다. 그러나 존재방식은 삼위성보다는 일체성을 강조하는 양태론적 단일군주론의 형태를 취한다. 이런 점에서 바르트는 비판을 받는다. 바르트 신학의 가장 큰 문제는 신적 위격을 관계에 환원해 이해하는 데 있다. 즉 한 하나님이 결국 삼위의 다양한 존재방식에 반복적으로 계시하게 되면서 몰트만이 물었듯이, 계시에 정초된 삼위일체가 위격의 삼위와 함께 시작해야 한다. 따라서 통일성에 대해 의문을 제기하게 한다.

라너는 경륜적 삼위일체와 내재적 삼위일체를 동일하게 본다. "경륜적 삼위일체는 내재적 삼위일체이고 그 역도 성립한다."34) 라너는 삼위의 하나님을 구속사의 선험적 근원으로 제시했다. 융엘은 라너의 삼위일체의 정형화를 수용하면서도,

---

33) Karl Barth, *Die kirchliche Dogmatik I/1*, (Theologischer Verlag: Zürich, 1986), 373ff.

34) Karl Rahner, "Der dreifaltige Gott als transzendenter Urgrund der Heilsgeschichte", *Mysterium Salutis. Grundriß heilsgeschichtlicher Dogmatik*, hg. von J. Feiner und M. Löhrer, Bd. 2, 1967, 328쪽.

라너의 입장과 대립해 삼위일체론의 성서적 정초화를 확장시켰다.

마지막으로, 본회퍼는 하나님의 죽음의 담론이 바로 '하나님은 어디 계시는가?'라는 물음에 대한 신학적 대답이어야 함을 지각했다. 그는 하나님의 죽음의 담론의 의미는 하나님의 본질의 문제임을 통찰할 줄 알았다. 근대 무신론이 세계를 신 없이 사유하려 시도함으로써 인간의 자율성과 신 없는 세상의 자립성을 확립하려고 했지만, 본회퍼는 세계 없이 하나님을 사유하는 것이 신학적으로는 불가능하다고 보았다. 왜냐하면 하나님의 본질은 예수 그리스도의 십자가 속에서 드러나기 때문이다. 예수 그리스도의 십자가는 하나님의 본질을 '부재 속의 현존' 방식으로 제시한다. 본회퍼가 우리 그리스도인들에게 "비록 하나님이 계시지 않는다 할지라도"(*etsi deus non daretur*)[35] 하나님 앞에서 살도록 촉구했듯이, 오늘날 우리는 하나님을 십자가 "말씀 속에서 부재하시나 현존하는 분"으로 경험할 수 있다. 융엘은 이것을 십자가에서의 하나님 말씀의 언어 사건이라 한다. 하나님의 말씀인 부활한 그리스도는 무신론의 세대에게 청함의 언어사건(Sprachereignis der Bitte)으로 현존한다.

---

35) Dietrich Bonhoeffer, *Widerstand und Ergebung*, (Chr. Kaiser: München, Neuausgabe 1970), 393.

그러면 이러한 사상들의 융합이 우리가 논하려는 삼위일체론과 어떤 연관을 가지는가? 윙엘은 공산주의 체제 하에서 부자유한 지적 분위기와 진리를 향한 사랑을 방해받음이 얼마나 큰 문제인지를 체험하게 되었다. 따라서 그는 자유가 있고 진리가 있는 세계를 사랑하는 일의 위대성을 깨닫게 된다. 이런 과정에서 그가 이해하려고 애쓴 하나님은 다름 아닌 전능하신 하나님이었다. 그러나 성경은 십자가에서 무능하게 죽은 하나님을 말한다. 따라서 그는 십자가에서의 죽음을 통해 자신이 하나님이심을 드러내는 분으로 이해할 필요가 있었다. 그런 차원에서 그는 전능하신 하나님과 십자가에서 죽으신 하나님을 올바로 이해하기 위해 하이데거가 밝힌 것처럼 지배력이나 권력의 행사가 인간 자신의 계획을 위해서가 아니라, 합법적일 때 행사되어야 한다는 점을 중시하게 된다. 그래서 그는 판넨베르크가 말한 것처럼 이 땅에서는 완전한 것은 아니지만 그 완전한 것의 선취인 하나님 나라가 이 땅에서 실현될 수 있다는 종말론적 입장을 견지하게 된다.

그는 공산주의가 가지는 가장 큰 폐단은 교회 탄압보다 무신론이라고 보았다. 그의 신학은 무신론을 강요하는 세대나 사람들에게 '어떻게 성경의 진리를 말할 것인가?'가 가장 큰 관심사였음을 그의 주저라고 할 수 있는 『세상의 비밀이신 하나님』을 통해서 밝힌다. 무신론의 뿌리를 구약의 예언자들이나 신약의 사도들에게 두면서, 그들은 당대 세상의 신들을 부정하는데서 그것을 엿볼 수 있다는 것이다. 근대에 접어들어 니체에 의해 선언된 신의 죽음의 문제를 통해 가장 분명하게 드러난 무신론의 문제를 융엘은 신학의 중심문제로 설정하여, 니체야말로 십자가는 전지전능한 하나님의 부정을 명확히 인식한 사람으로 평가하면서 십자가를 그의 신학의 중심에 위치시킨다.

지금까지 우리는 융엘의 삼위일체론의 사상적 배경과 그것들이 왜 신학적 담론의 주제가 되는지 살펴보았다. 따라서 이제는 그의 삼위일체론을 구체적으로 분석해 보아야 한다. 그의 삼위일체론은 『하나님의 존재는 되어감 속에 계신다』(*Gottes Sein ist im Werden*, 1965)와 『세상의 비밀이신 하나님』(*Gott als Geheimnis der Welt*, 1975)에서 집중적으로 다루어지고 있기 때문에 이 두 작품을 중심으로 설명하고자 한다.

## 2) 되어감 속에 계시는 삼위일체 하나님

융엘은 『하나님의 존재는 되어감 속에 계신다』에서 바르트의 기독론에 기초해 신론을 전개한다. 즉 하나님의 존재 그 자체와 우리를 위한 하나님 존재는 서로 결합되어 있다고 주장한다. 하나님은 그가 자신의 아들을 십자가의 고난 속에 두

시면서도 십자가를 통해 동일자로 남아 계신다. 그의 고난 역시 행위 속의 존재임을 밝힌다. "하나님은 자기 자신 스스로 신실하게 남아 계신다." 이 말은 비록 그가 죽음 속에 있다 하더라도, 부활을 일으키셨음을 함축한다. 부활은 하나님의 존재가 되어감 속에 계심을 보여주는 단적인 예다. 이 때 '되어감'이라는 용어는 늘 논쟁거리였다.

(1) '되어감'[36] 속의 삼위일체 하나님

'되어감(im Werden)'은 무엇일까? 이 개념부터 설명해야 할 것이다. 융엘은 대상으로서의 존재인 삼위일체적인 하나님의 존재를 '되어감'이라는 개념을 통해 설명한다. '생성'이라는 개념은 고대 그리스 철학자 헤라클레이토스(Herakleitos)가 처음으로 사용했다. 그의 '판타 레이' 이론에서 "우리는 흐르는 강물에 두 번 발을 담굴 수 없다"(DK 22B 49a)라고 말했다. 그는 생성 개념을 통해 운동과 변화를 설명했다. 그러나 이 개념은 변화하지 않는 무한자인 신을 설명하지 못했다. 따라서 그는 이 문제를 해결하기 위해 변화 속에서도 고정불변

---

[36] 이 용어를 '생성'이라고 번역하기도 하지만 올바른 번역어가 아니라고 생각한다. 왜냐하면 헤라클레이토스는 '생성' 개념이 가지는 문제점을 해결하기 위해 생성 개념과 대립되는 로고스 개념을 착안하기 때문이다. 그러나 융엘은 변화하는 생성과 무변화하는 로고스가 함께 일어날 수 있는 존재론적 장소로 '되어감'을 사용한다.

한 원리인 로고스를 착안해야 했다. 그 이후로 전통적인 형이상학적 신은 변화가 없는 무한자, 고난당하지 않는 절대자여야 했다. 그러나 융엘이 이해하는 하나님은 예수 그리스도 안에서 인간으로서 고난당하는 "행위 속의 존재"이다. "하나님의 고난은 행위 속의 자신의 존재에 상응한다. 하나님의 고난은 바로 행위 속의 자신의 존재이며, 하나님의 수난 역시 처음부터 하나님의 행위로 이해된다. 하나님의 존재는 아버지의 하나님, 아들의 하나님 그리고 성령의 하나님으로서 되어감 속에 계시는 존재이시다.[37] 융엘은 '되어감' 개념을 "하나님의 존재의 존재론적 장소"[38]와 연결하여 사용한다. 아낙시만드로스(Anaximandros)[39]가 사용한 존재론적·철학적인 차원이 아닌 바르트의 삼위일체적·신학적인 범주 안에서 존재론적 장소를 사용한다. 바르트가 삼위일체의 위격 개념 대신에 "존재방식"이라는 개념을 사용하는 이유는 하나님의 존재의 역사성을 강조하기 위해서다 "하니님은 예수 그리스도의 역사적 계시 가운데 자신을 계시하신다"라고 말한다.

    그러나 융엘이 사용하는 '되어감' 개념에도 문제는 있다.

---

37) Jüngel, *Gottes Sein ist im Werden*. 77쪽.
38) 위의 책, VI.
39) 아낙시만드로스의 아페이론에 따르면, 무한한 본성으로부터 존재하는 것들이 생겨나고 존재하는 것들은 그것에로 소멸한다.

그는 '되어감'을 '존재론적 장소'로 설명했다. 바르트의 용어인 '상응' 개념을 통해 설명하듯이 융엘은 삼위일체 하나님의 관계를 설명하고 있는지도 모른다. 만약 이 의문이 맞다면, 그는 우리에게 '존재론적' 개념과 '관계적' 개념을 명확하게 비교 분석하고 그 차이를 설명해 주어야 한다. 또한 웹스터가 지적했듯이, 몰트만의 성령의 오시는 하나님의 경우처럼 '오시는' 하나님의 방식을 설명하려고 한지도 모른다. 이러한 의문에도 불구하고 우리는 융엘이 '되어감'의 개념을 통해 다음의 세 가지를 설명하고 있다는 것을 알 수 있다.

첫째, 융엘은 '되어감' 개념을 통해 전통 삼위일체 신학에서 삼위일체 흔적(*vestigia trinitatis*) 개념으로 논란을 벌였던 문제에 답한다. 계시에 대한 바르트의 설명에 따르면, 하나님은 스스로 말씀하시는 분(*Deus dixit*)이다. 하나님은 스스로 말씀하시는 분이시다. 그러나 그렇다고 하나님의 말씀이 인간의 언어와 같지는 않다. 따라서 우리는 '어떤 방식으로 인간의 언어로 하나님을 말할 수 있는지?'에 대해 답해야 한다. 융엘에 따르면, 그 문제의 해결은 바로 십자가 사건이다. 이러한 하나님이 언어로 오시는 사건 속에서 융엘은 전통적인 존재 유비(*analogia entis*) 개념과는 다른 신앙 유비(*analgia fidei*)의 성립을 필연적인 것으로 보았다.

둘째, 융엘은 "하나님의 존재는 되어감 속에 계신다"라는 문장을 통해 하나님의 자기 해석으로서의 계시에 대해 올바로 이해하기를 촉구했다. 융엘은 푹스처럼 '말씀 사건', 곧 "하나님 존재가 스스로 언어로 오시는 사건"으로 계시를 이해한다. 융엘은 바르트―하나님 자신이 해석의 주체이면서 동시에 하나님 자신이 해석의 대상이기도 하다―를 따라서 계시를 하나님의 자기 해석이라고 한다. 계시가 하나님의 자기 해석이라는 말은 하나님이 스스로를 그가 존재하는 자로서 해석하신다는 것을 뜻한다. 해석이 계시를 계시'로서(als)' 언표하는 동안 해석은 계시의 자기성을 유지한다. 하나님은 '자기 해석으로서의 계시 속에서는' 자기 자신을 목적격으로 언표하면서, 하나님은 '그 자신과 구체적으로 상응함 속에서는' 자신을 주격과 일치시킨다. 주격으로서의 하나님의 존재는 계시 속에서 스스로 해석하신다.

셋째, 융엘은 상응 개념을 통해 삼위일체 하나님의 관계 방식을 설명한다.[40] 하나님의 자기 상응의 기본 원칙은 하나님의 존재가 관계적으로 특징 지워지고 있음에서 드러난다. 바르트의 『교회 교의학』 II/1 741쪽에 사용되었던, 그러나 융엘이 인용하는 '상응(Entsprechung, 1965, 35)' 개념은 전통 형이상학적 신론이 하나님의 경륜적 존재를 하나님의 내재적

---

40) 김영한, 「초기 융엘의 신론 : 신 존재 생성론」, 『한국 기독교 신학 논총』 제31집, 한국기독교학회 엮음, (서울: 대한기독교서회 2003).

본질에서 분리할 수 있다는 생각을 거부한다. 그리고 '하나님의 두 속성은 분리할 수 없다'는 바르트의 입장을 따른다. 이런 차원에서 융엘은 삼위일체론을 "대립적인 타자존재의 공동체(Gemeinschaft gegenseitigen Andersseins)"라고 규정한다. 아버지와 아들 그리고 영의 관계로서 하나님의 자기 관계성의 사건 안에서 하나님은 스스로 상응한다. 이 때 아버지와 아들 그리고 영의 관계로서 상응은 계시 사건 안에서 상응하는 관계를 구성한다. 이 구성의 과정에서 숨겨진 하나님 존재와 계시된 하나님 존재는 관계적으로 되어감의 능력 안에 있는 존재이다.

(2) 골비처와 브라운의 삼위일체 논쟁

융엘은 당대의 신약 성서학자 브라운과 바르트주의자로서 조직신학자였던 골비처 사이에서 진행된 삼위일체 논쟁에 끼어든다. 브라운과 골비처의 논쟁은 하나님을 이해하는 객관성의 본질에 대한 바르트와 불트만의 논쟁의 연장선상에서 진행되었다. 불트만은 "하나님에 대해 말하는 것이 무슨 의미를 주는가?"라고 물었다 그에 반해 바르트는 "우리의 진술이 하나님에 관한 것이 되기 위해서는 어떤 의미에서 우리가 하나님에 관하여 말해야만 하는가?"라고 물었다. 두 사람은 하나님에 대해 말해야만 하는 의미성에 대해 논한 것이다. 골비처와 브라운이 전개한 논쟁은 다음과 같은 몇 가지 견해 차이를 분명하게 드러내었다.

첫째, 하나님을 이해하는 문제의 주관화와 객관화에 대한 문제다. 이는 1960년대 초에 골비처와 브라운 사이에 벌어진 논쟁[41]에서 대두되었다. 브라운은 "인간에 대해서 말할 수 있기 때문에 오로지 하나님을 말할 수 있다"는 하나님 이해의 실존적 주관화를 주장했다. 반대로 골비처는 "존재 그 자체로서의 하나님"을 사유하는 객관화의 가능성과 필연성을 역설했다. 브라운은 불트만의 해석학에 영향을 받았다. 따라서 하나님이 그 자체로 자존하는 분이라고 보기보다는, 하나님도 우리가 인간에 대해 말하는 방식으로만 말할 수밖에 없다고 보았다. 따라서 그는 '하나님을 객관화할 수 없고 주관적인 해석을 통해 의미부여할 수밖에 없다'고 보았다. 그러나 골비처는 바르트의 사상을 대변해 우리를 위한 하나님에 대한 언급보다 우선시되어야 하는 하나님 자신에 대한 진술의 필연성을 주장한다. 즉 그는 십자가 사건을 통해 인간을 자유롭게 하시는 하나님의 계시에 집중한다.

둘째, 브라운과 골비처 사이의 대화에서 제기된 또 다른 논

---

[41] Herbert Braun, "Die Problematik einer Theologie des Neuen Testaments", *Gesammelte Studien*, (Tübingen, 1962). Helmut Gollwitzer, *Die Existenz Gottes in Bekenntnis des Glaubens*, (München, 1963).

쟁점 중 하나는 "이미 주어진, 따라서 받아들여야만 하는 하나님의 말씀을 들음으로써 하나님이 내재하게 된다"라고 말했을 때, 하나님의 내재성의 방식에 대해 상이한 견해 차이를 보인다. 내재하는 분이 성서가 말하는 하나님이지만, 그 하나님의 내재 방식을 브라운은 「요한 1서」 4장에 의존해 '사랑'이라고 했다. 그는 "사랑이 존재하는 곳, 거기에 하나님이 존재한다"고 말했다. 반면에 골비처는 "그러나 이 사건 자체가 하나님이라는 명제와, 그 사건이 존재하는 곳에서 그는 이 사건을 제공한다는 명제 사이에는 큰 차이가 있다"는 사실을 지적해서 그의 의견에 반대한다. 브라운은 '하나님은 사랑이다'와 '사랑이 하나님이다'를 동일시하여 주어와 술어의 차이를 구분하지 않았다. 따라서 하나님이 인간을 사랑하는 주체라는 사실에 관심을 두지 않았다. 그러나 골비처는 사랑이 하나님이 아니고 하나님이 사랑 안에서 행위하기 때문에, 그 순서를 바꿀 수 없다고 주장한다.

융엘은 브라운이 우리를 위한(pro nobis) 하나님의 존재 문제에 관심을 두었고, 골비처는 하나님 자신을 위한(pro se) 하나님의 존재 해명에 집중했다고 정리한다. 따라서 융엘은 골비처의 브라운 비판과 브라운의 골비처의 비판이 타당한 것만이 아니라고 지적한다. 그는 하나님은 "우리를 위한" 하나님만도 아니고 그렇다고 "하나님 자신을 위한" 하나님만도 아니라고 보았다. 따라서 두 사람의 의견이 하나님을 설명하는 데 모두 필요하다고 보았다. 즉 융엘은 골비처가 말하는 "하나님은 독립적인 존재"라는 주장과 브라운이 말하는 "하나님은 인간 실존을 위한 존재"라는 주장은 "행위 속의 존재"인 하나님을 표상하는 데 둘 다 포함되어야 할 하나님 존재의 속성이라고 주장한다. 그에 따르면, 하나님은 자신 스스로를 위해서는 "자유 속의 존재"로 존재하며, 우리를 향한 존재로서는 "은총의 존재"로 존재한다. 골비처의 입장과 달리 삼위일체 하나님은 자신에게 상응한다. "외부를 향한 하나님의 존재는 그것이 기반과 원형을 갖는 내부를 향한 그의 존재에 본질적으로 상응한다." 브라운의 입장과는 달리 바르트의 견해를 수용하고 있는 융엘에게 삼위일체 하나님은 하나님 자신이 지식의 대상이면서 하나님 스스로가 자신을 해석한다. "하나님의 존재는 그의 계시된 존재이다. 하나님은 그가 스스로 해석하는 한, 지식의 대상이다. 하나님은 그의 계시 속에서 그 자신을 해석하고 그 자신을 지식의 대상으로 만드는 한, 그는 인간을 하나님 지식의 주관으로 만든다. … 이것은 대상으로서의 하나님의 존재란 인간이 하나님을 객관화한 결과라는 것이 아니다. 그는 스스로 대상적으로 만드시는 자로서만 대상적이다"(1965, 57).

그러면 융엘은 하나님을 인식하는 문제의 주관성과 객관성의 문제를 어떻게 풀어나갔을까? 하나님이 대상적인 존재라는 말은 융엘에게는 계시 가능한 존재라는 뜻이다. "하나님은 인간을 하나님을 인식하는 주체로 만든다. … 그렇다고 그것은 대상으로서의 하나님의 존재가 인간의 하나님 객관화의 결과를 뜻하는 것은 아니다. 하나님은 단지 자신을 스스로 대상적으로 만드는 자로서 대상적이다."(1965, 57) 그러나 이 점에서 골비처는 융엘과 전혀 다르게 이해를 하고 있다. 즉 하나님은 이 세상적인 의미로는 존재하지 않는다. 하나님은 사물과 같은 존재방식으로 존재하지 않는다. 반면에 융엘은 골비처처럼 존재와 행위를 나누지 않았다. 융엘은 바르트가 계시를 하나님의 자기 해석이라고 규정한 것에 근거해 '하나님이 자신의 말씀에서 대상적이다'라고 보게 되면서 하나님은 하나님의 말씀을 통해 인식된다고 보았다.

'하나님은 존재이신가, 아니면 비존재인가?'의 문제와 '하나님의 존재에 포함된 능력'의 문제에 대해 융엘은 골비처의 바르트 이해에 문제가 있다고 지적한다. 하나님의 존재와 비존재의 문제는 늘 어려운 문제였다. '하나님은 존재한다'고 말하면, 하나님도 죽느냐의 문제가 대두된다. 융엘은 하나님의 죽음의 문제를 들고 나와 이 난제를 풀어나간다. 그러나 융엘이 보기에, 골비처는 이 문제를 피해갔다. 따라서 융엘은 골비처가 바르트의 하나님 존재 이해를 제대로 이해하지 못했다고 비판한다. 두 번째 문제인 하나님의 존재에 포함된 능력이 무엇이기에 이 난제를 풀 수 없을까? 분명 골비처는 "우리를 위한 하나님 존재는 하나님에 대한 어떤 필요성 속에 그것의 근거가 있는 것이 아니다. 그의 자유한 주권의 결단 속에, 그것의 근거를 알 수 없는 사랑 속에 그 근거가 있는 자유한 선물이기 때문에 하나님은 이것을 할 수 있다"[42)]는 입장을 견지한다.

그러면 이들의 논쟁에서 제기된 문제들에 대해 윰엘은 어떤 삼위일체 하나님을 제시하는가? 윰엘은 불트만과 브라운에 의해 제시된 실존론적 삼위일체론과 바르트와 골비처가 강조한 하나님 자신의 의식의 신학적인 객관화라는 두 대립을 매개한다. 이것은 골비처의 의도와는 대립되는 것으로, 불트만의 경우나 특히 바르트의 입장에서 보면, 하나님의 존재의 경우가 우리의 존재를 위함이면서 동시에 하나님의 자기계시로 일어날 수 있다는 입장이다. 불드만의 실존론적 환원에 대립하고 있는 바르트나 이를 계승하고 있는 골비처의 입장에서 보면, 하나님의 존재가 예수 그리스도 안에서 우리를 위해 나타나기 때문에, 이러한 우리를 위한 존재가 하나님의 존재의 자기계시인 것이다.

---

42) Gollwitzer, *Die Existenz Gottes im Bekenntnis des Glaubens*, 175쪽.

질문은 계속된다. 어떻게 그리고 어떤 하나님의 존재가 우리를 위한 존재라고 말할 수 있는가? 다시 말하면, 아버지와 아들 그리고 성령의 경륜적 삼위성은 내재적 삼위성에 근거해야 하지만, 하나님을 통해서 하나님이 우리를 위한 하나님이라고 해석할 수 있는지의 문제는 쉬운 게 아니다. 융엘은 이 난제를 하나님의 존재방식인 위격(hypostasis)을 페르소나(*persona*) 대신에 관계(*relatio*)에의 상응, 곧 '안과 밖을 향하여(*ad intra* & *ad extra*)'의 자기 반복 안에서 풀려고 시도한다. 다시 말하면, 하나님의 자기반복 속에서야 바르트가 체계화한 신앙의 관계가 우리를 위한 하나님의 자기해석으로 증명된다. 그러면 자기반복의 되어감 속에서의 하나님의 삼위적 관계, 곧 하나님의 자기 연관적 삼위존재가 자기반복의 되어감 속에 계신다는 말이 무슨 말인지 설명해야 한다. 예수 그리스도 안에서의 하나님의 자기계시는 우리의 구원을 가능하게 하고, 그런 의미에서 "하나님의 존재는 되어감 속에 계신다"는 그의 재숙고는 삼위일체적 구원론적 신학의 근본 정초가 되었다.

### 3) 세상의 비밀이신 삼위일체 하나님

융엘은 『세상의 비밀로서의 하나님』에서 하나님 인식의 실재론적 한계를 지적한다. 즉 인간은 칸트가 생각한 대로, 경험을 통해 하나님을 지각할 수 없다고 보았다. 따라서 그는 '하나님의 자기 계시에 의해서만 하나님을 인식할 수 있다'는 고전적 신 인식 이론을 다시 강조한다. 아버지와 아들의 차이 속에 하나님의 존재가 있고 동시에 하나님은 성령의 사건이다. 이런 삼위의 하나님이 바로 세상의 비밀이다. 앞에서 우리가 '되어감' 개념을 통해 삼위일체 하나님을 설명했듯이, 이제는 '비밀'이신 삼위일체 하나님을 설명해야 한다.

'비밀'의 사전적 의미는 '이해할 수 없음', '할 말이 없음', '설명할 수 없음' 등이다. 라너의 분석에 의하면, 이 개념은 하나님의 초월성과 관련해서 사용된다. 그러나 융엘은 라너와는 달리, 비밀 개념을 하나님의 시간성, 곧 역사성과 관련하여 사용한다. 다시 말하면, 세상의 비밀은 하나님이지만, 하나님은 십자가에서 예수와 동일화를 이루셨기 때문에, 우리는 예수의 십자가를 통해 하나님의 비밀을 알 수 있게 되었다는 것이다. 라너와 융엘은 세상의 비밀이신 하나님에 대해 상반된 이해를 하고 있다. 라너는 인간이 하나님을 향해 있지만 하나님은 멀리 물러가 계시기 때문에 세상의 비밀이 된다고 보았다. 그러나 융엘은 하나님이 보이지 않게 이 세상에 최대한 가깝게 계시는 한 세상의 비밀이라고 보았다. 세상의 비밀이신 하나님을 해석할 때, 그 비밀이 무엇을 뜻하는지는 바로 우리가 살고 있는 이 역사의 시공간, 즉 십자가에서만 가능하다. 융엘의 방식도 흥미롭지만 "어느 누구도 하나님을 보지 못했다"는 또 다른 입장을 제시하는 요한의 문장도 주의 깊게 살펴야 한다. 그러나 융엘의 입장에 충실하자면, 삼위일체 하나님의 흔적인 십자가는 비밀이다.

융엘의 삼위일체론은 바르트의 내재적 삼위일체를 강조하고 라너의 내재적 삼위일체와 경륜적 삼위일체의 동일화에 기초하고 있다. 따라서 두 사람의 다른 입장을 통합할 수 있는 가능 근거를 제시해야만 한다. 전혀 다른 특징의 삼위일체론을 하나로 통합하고자 할 때 제기되는 어려움을 풀지 못할 수 있기 때문이다. 바르트의 삼위일체론과 라너의 삼위일체론을 통합하는 일은 플라톤이 말한 파르마콘(pharmakon)이 될 수 있다. '십자가를 구원의 경륜으로 볼 것인가, 아니면 전능한 신의 죽음으로 볼 것인가?'는 양립불가능한 모순일 수 있다. 따라서 융엘은 두 사람의 삼위일체론을 함께 논의하기 위해서는 '삼위일체 진술이 하나님에 관한 인간 인식의 주해에 불과한 것인지, 아니면 하나님의 고유한 내적 존재에 상응하는 것인지?'의 문제부터 해결해야 한다. 그것은 곧 하나님의 존재와 본질의 일치(아리스토텔레스)의 문제였고, 그것을 인식하는 확실성(데카르트)의 정초의 문제가 되었다. 융엘에 따르면, 신앙만이 하나님의 존재를 그의 본질과 상응시킨다. 특별히 십자가는 세상 속에 계시는 하나님의 존재방식(바르트)

이다. 하나님은 인간 예수의 특별한 역사적 현실 속에 존재한다. 따라서 하나님은 영원부터 자기 안에 계시지만 인간을 위해 자기 밖에서 자신이 사랑이심을 확증하셨다. 그 자신 밖에서 이렇게 자기를 규정하는 일의 기준은 십자가에서 죽으신 예수 그리스도와의 하나님의 동일화(라너)인 것이다.

융엘은 내재적 삼위일체와 경륜적 삼위일체의 관계를 다음과 같이 정리해 준다. "경륜적 삼위일체론을 인간과 함께 하는 하나님의 역사(Geschichte)와 관련지어 언급해야 한다. 그리고 내재적 삼위일체론은 하나님의 역사성(Geschichtlichkeit)과 연관시켜 언급해야 한다. 하나님의 역사는 인간을 향해 오심이고 하나님의 역사성은 오심 가운데 있는 하나님의 존재이다." 융엘은 내재적 삼위일체론과 경륜적 삼위일체론의 통합을 말하는 라너의 입장을 좇아 십자가의 사랑에서 그 일이 이루어졌다고 본다. 그러나 웨잉-한호프(Oeing-Hanhoff)는 라너가 내재적 삼위일체가 경륜적 삼위일체의 가능조건이라 한 것에 대해 그 말의 뜻은 내재적 삼위일체가 경륜적 삼위일체가 되었다는 의미로 사용했다고 보고 있다.

그러나 이러한 지적과는 달리 융엘은 내재적 삼위일체론과 경륜적 삼위일체론의 동일화를 하나님의 역사와 역사성의 차이를 통해 설명하고 있음에 틀림없다. 경륜적 삼위일체와 내재적 삼위일체에 대한 어떤 지적이 있든 간에 융엘은 오로지 예수를 통해서만 우리가 하나님을 삼위일체적으로 인식할 수 있고 고백할 수 있다는 점을 분명히 했다. 그러나 존재 질서 속에서 하나님의 존재조차도 다만 인간 예수 존재로부터만 이해할 수 있는지 여부는 논란이 될 수 있다. 그러면 융엘은 무엇에 근거해 하나님의 삼위일체를 역사성이 있는 존재로 해석할까? 그것은 다름 아닌 십자가에 달리신 예수와의 동일화 사건이다. 그는 이를 "하나님의 존재는 되어감 속에 계신다"는 명제로 표현했다. 그러나 전통 형이상학은 하나님의 역사성의 문제를 쉽게 반기지 않았다. 왜냐하면 철학적 신은 죽을 수 없고 고난 받을 수 없는 불변성과 절대성이 있기 때문이다. 그러나 십자가의 하나님은 전통 형이상학적인 신 표상과는 다르다. 성서는 하나님 스스로가 인간의 고난의 행위 속에 함께 하신다고 증언하고 있다. 이런 차이에서 볼 때 형이상학적 신론은 성서의 증언과 대립된다.

융엘은 무엇보다 기독론에 근거한 경륜적 삼위일체와 내재적 삼위일체의 동일화를 성서적으로 근거지우고자 한다. 그는 삼위일체론을 십자가 사건을 목도한 백부장의 "이 사람은 진실로 하나님의 아들이었도다"(막 15:39)라는 증언에 기초해 죽은 하나님이 아니라 살아계시는 하나님임을 밝히는 문제로 보았다. 융엘에게 경륜적 삼위일체와 내재적 삼위일체의 동일화 문제는 결국 살아계시는 하나님과 신의 죽음의 통일의 문제로 요약된다. 살아계시는 하나님과 신의 죽음, 곧 생명과 죽음의 통일의 문제를 융엘은 「요한일서」 4장 8절의 "하나님은 사랑이시다"라는 구절을 통해 해결한다. 살아계시는 하나님, 곧 생명의 하나님은 하나님이 사랑으로 살아계심을 예수 그리스도의 십자가와 부활 속에서 계시하셨다는 것이다. 하나님이 예수 그리스도 안에서 인간이 되심으로 자신의 사랑을 증명하신 것으로 보았고, 이 하나님의 행위가 자신의 본질에 상응하는 이유는 사랑이 삼위일체 안에서 우리를 위한 하나님의 사랑의 전제이기 때문이다(알트하우스). 융엘의 삼위일체론은 결국 사랑이신 하나님에 대한 이해 여부로 모아진다. 따라서 사랑이신 하나님을 자세히 설명해야 한다.

## 4) 사랑이신 하나님 : 삼위일체 신앙의 십자가 신학적 매개

융엘은 『세상의 비밀이신 하나님』에서 하나님을 말할 수 있고 사유할 수 있는 가능 근거를 묻고 그 문제들은 결국 하나님의 인간성에 대한 논란임을 지적한다. 따라서 그는 하나님의 인간성의 문제를 풀어줄 수 있는 개념으로 '사랑이신 하나님(der Gott, der Liebe ist)'을 제안한다. 이 개념에서부터 하나님과 사랑의 통일에 대한 논의가 시작된다. 하나님은 자신의 본질이 사랑이심을 십자가에서 증거하셨다. 사랑과 통일을 이루는 하나님에 대한 이해는 전적으로 삼위일체 방식에 근거한 것이다. 융엘은 십자가의 예수 그리스도를 삼위일체의 흔적으로 보았다.

융엘은 하나님의 본질을 논의하기 위해서 '하나님을 사유할 수 있느냐' 그리고 '하나님을 말할 수 있느냐'라는 두 가지 문제 제기를 통해 설명해 나간다.

하나님을 말할 수 있는 가능성에 대한 문제, 곧 '신성을 상실하지 않고도 어떻게 우리가 하나님을 인간적으로 말할 수 있을지?'의 문제를 융엘은 기독론적으로 해결한다. 즉 "인간 예수는 하나님의 비유이다"라는 것이 바로 하나님을 말할 수 있는 가능성에 대한 해석학의 정초라고 생각한다. 하나님의 인간성에 대한 문제는 바로 해석학의 문제다. "하나님이 인간이 됨, 곧 예수 그리스도 안에서 하나님의 말씀이 육신이 됨"(1975, 393)은 바로 우리가 하나님을 말할 수 있는 가능 근거다. "인간 예수와 동일화하는 하나님의 비밀로서 … 하나님과 인간 사이의 구체적인 차이가 없어지고 만다. 이런 의미에서 그리고 바로 이러한 의미에서만 '예수 그리스도는 참 하나님이고 참 인간이다'는 서방교회의 고백은 감히 시도될 수 있고 시도되어야만 한다. … 하나님과 인간 사이의 유사성의 의미에서 '인간 예수는 하나님의 비유이다'는 사실을 말할 수 있게 되고 말해야만 한다. 바로 이러한 기독론적 명제는 하나님을 말할 수 있는 해석학의 정초로서 타당하다."(1975, 394)

예수를 이해하고자 하는 자는, 그리고 십자가에 못 박힌 인간 예수를 전적으로 부활 신앙과의 연관 속에서 이해하기 원하는 자는 하나님 자신을 말씀하시는 이로 파악해야만 한다. 「요한복음」 1장 14절에 따르면, 하나님은 말씀으로 육신을 입으셨고 자기 자신을 전하기 위해 우리와 같은 인간이 되셨다. 말씀 속에서 하나님 자신은 그 자체로 존재하신다. 이것이 바로 말씀신학과 해석학의 관계를 밝히는 출발점이다. '말씀하시는 하나님을 알 수 있느냐?'라는 문제가 바로 성서 언어 해석학의 핵심적인 논의거리이다. 즉, 말씀신학과 해석학의 관계성은 '성서 언어 해석학'에 대한 물음 속에 있다. 하나님을 '말할 수 있느냐?'라는 문제는 사실 해석학의 핵심 문제다. 해석학은 먼저 하나님이 스스로 인간 예수, 특별히 융엘에 따르면, 십자가의 예수와의 동일성을 전제한다. 인간 예수와 하나님의 동일성은 특별한 그리고 유일회적 사건으로서 영원한 하나님의 존재의 계시이다. 이제 기독론 특히 십자가 속에서 삼위일체 하나님을 사랑으로 규정하는 융엘의 전개 방식을 살펴볼 필요가 있다.

첫째, 하나님이 사랑이라고 정의하려면, 하나님의 본질과 존재의 통일성을 확보해야만 한다. 융엘은 사랑의 개념을 하나님의 본질 규정으로 서술한다. 하나님의 본질 규정이라는 말은 헤겔의 형이상학적 규정과의 관계 속에서 살펴보아야 한다. 하나님은 자신을 이 세계를 넘어서 있는 최고 본질로 드러내는 것이 아니라, 십자가에서 인간의 죄를 대속해 죽은 인간 예수를 통해서만 자신에게, 그리고 우리에게 오고자 하셨다. 십자가에서의 하나님의 죽음은 죽음을 넘어서는 하나님의 사랑의 계시를 뜻한다. 하나님의 본질은 자신의 존재, 곧 신성의 본질과의 일치하는 존재함을 뜻한다. 그러나 사랑은 본질적으로 살아있는 존재를 뜻하는데 하나님의 본질과 존재를 합리적으로 구분한다는 것은 불가능한 일이다. 그렇기 때문에 하나님은 사랑으로부터 창조하였다는 사실이 나오게 된다. 하나님의 창조 행위는 그 자체로 창조하는 존재인 하나님의 존재이다. "창조 행위 속에서 하나님의 존재가 사랑을 실천할 뿐만 아니라 동시에 하나님의 존재가 사랑임을 밝히 드러낸다. '하나님이 사랑이다'는 것은 무엇보다 존재자이지 무가 아니라는 것의 근거다."(1975, 302)

십자가를 하나님 사유의 출발점으로 본다거나, 하나님의 자기 규정을 삼위일체 구조에 기초해 사랑으로 보려는 융엘의 의도를 분명하게 알아야 한다. '하나님은 사랑이다'라고 말할 때, 이런 인식이 하나님의 본질이나 실존에 어떤 의미를 주는지 물어야 한다. 융엘의 신학에서 인간 예수의 죽음은 하나님의 계시의 핵심이다. 십자가의 인간 예수만이 '삼위일체 흔적'인 이유는 기독교가 말하는 하나님에 접근하는 길이 오직 예수 그리스도를 통해서만 가능하기 때문이다. 누가 하나님인지는 예수 그리스도를 통해서만 알 수 있다. 왜냐하면 우리가 예수 그리스도를 통해 하나님에게 온다면, 우리는 하나님을 이미 삼위일체적으로 경험한 것이기 때문이다. "인간 예수가 없다면 그리고 그의 역사 일반이 없다면 기독교 신앙은 있을 수 없다."(1975, 478)

둘째, 그러면 도대체 '하나님이 사랑이다'는 신앙의 확실성은 하나님의 사역의 은폐성의 경험과 어떻게 관계하는가? 융엘이『세상의 비밀이신 하나님』에서 말하고 있는 하나님은 전적으로 사랑이시다. 하나님은 자신을 십자가에서 사랑이심을 증거하셨다. 삼위일체이신 사랑은 세상의 비밀이다.[43] 그러나 하나님을 철저하게 그의 본질상 사랑으로 이해하다보면, 루터가 말한 "숨겨진 하나님"이라는 개념과 대립된다는 것을 알게 있나. 이 문제를 풀기 위해 융엘은 하나님의 존재 방식과 일하는 방식을 나눠 하나님이 예수 그리스도 안에서 자신을 계시하시기 때문에, 하나님은 자신을 계시하시는 분이요, 하나님이 일하는 방식은 은폐되어 있다고 본다. 존재차원이라

---

43) Paulus Engelbert, *Liebe - das Geheimnis der Welt: formale und materiale Aspekte der Theologie Eberhard Jüngel*, (Würzburg: Echter, 1990), V.

하면, 하나님이 우리에게 자신을 예수 그리스도를 통해 계시하셨기 때문에 반드시 숨겨진 하나님만은 아니다. 그러나 하나님이 일하시는 방식은 온전하게 드러나지 않는다.

그러면 사랑의 하나님은 신의 죽음으로 말미암은 극단적 문화 상대주의인 허무주의를 향한 진정한 대안이 될 수 있을까? 죽을 수 없는 전능한 하나님(내재적 삼위일체)이 사랑이신 하나님(경륜적 삼위일체)의 본질 때문에 십자가에서 죽었다면, 신은 결국 죽었고, 십자가는 저주일 뿐이다. 이처럼 부활이 없는 십자가만의 삼위일체 하나님은 신학의 대답이 될 수 없다. 이처럼 부활 신앙이 없는 십자가의 신의 죽음은 신 없는 세대에게 대답이 될 수 없다.

### 5) 융엘의 삼위일체론에 대한 평가[44]

쉬츠는 오늘날 논의되고 있는 삼위일체론의 경향과 관련하여 예수의 십자가와 부활에 대한 집중이 그리스도 사건의 선포가 아닐 수도 있다는 점과 '신은 사랑이다'에 대한 해석이

---

44) 우리나라에 발표된 융엘의 신론에 대한 평가는 김영한, 「세상과 신 - 융엘의 십자가 신학에 대한 비판적 조명」, 『한국 기독교 신학 논총』 제 32집, 한국기독교학회 엮음(서울: 대한기독교서회 2004)과 이정배, 「에버하르트 융엘의 신론에 대한 비판적 연구」, 『신학과 세계』(1986, 2) 등을 참조.

기초하고 있는 선이해에 대한 문제 제기에 대답이 필요하다고 지적한다.[45] 그러면서 그는 "사랑이라는 상위개념에 해당하는 경험들이 모순될 수 있고 다의적"이라고 지적한다.[46] 더 나아가, 그는 "사랑에 대한 융엘의 개념은 세계 내재적인 미적 차원에 머무는 것"이 아닌지 묻는다.[47] 그러나 쉬츠의 견해와는 달리, 뤼프케는 만약 융엘이 하나님의 사유 가능성의 문제를 다루기 위해 철학적인 난제를 해결하려 하기보다 그리스도의 선포 속에 전승되고 있는 것들을 잘 이해하기 위해 사유 가능성을 검증해 보려고 했다면, 그의 시도를 이해할 수 있다고 보았다.[48] 반면에 페터스는 쉬츠처럼 융엘의 작업에 만족하지 못하면서, 융엘이 개혁자들의 공격방향에 실제로 맞지 않다고 본다.[49]

융엘의 신론의 핵심을 '하나님은 사랑'이라고 정리한 드보

---

45) Christian, Schütz, "Gegenwärtige Tendenzen in der Gottes- und Trinitätslehre," in: *Mysterium Salutis*, hrsg. von M. Loehrer, (Zürich, 1981), 320쪽.

46) 위의 책, 320쪽.

47) 위의 책, 320쪽

48) Johannes Lüpke, "Jüngel Eberhard: Gott als Geheimnis der Welt," *ThRv* 76 (1980), 406쪽.

49) Albrecht, Peters, Gedanken zu Eberhard Jüngels These: 'Gott als Geheimnis der Welt', *Wer ist das - Gott? Christliche Gotteserkenntnis in den Herausforderungen der Gegenwart*, hrsg. von H. Burkhardt, (Giessen, 1982), 188쪽.

라크는 '사랑인 하나님은 신앙인에게 타자의 고난에 대한 질문에 어떤 답도 주지 못한다'고 지적한다.50) 윤엘의 신론의 정초인 하나님의 사랑 개념에 주의를 기울였던 클리메크도 "하나님은 사랑의 사건만이 아닌 그 이상이어야 한다"고 주장하면서 윤엘은 하나님 안에 있는 사랑의 내적 구조에 대한 해명에만 관심이 있어서 카스퍼처럼 사랑의 개념을 인격 개념과 연관시켜 논의하지 못했다고 지적한다. 형이상학적인 신사유에 반해, 우리로 하여금 하나님을 십자가의 예수 그리스도로부터, 즉 그의 사랑으로부터 사유하도록 촉구한 윤엘의 논지에 동조하면서도 클리메크는 "하나님의 본질이 사랑이고 전적으로 사랑으로만 기술될 수 있다는 주장은 성서 증언으로부터도, 그렇다고 사랑에 대한 규정으로부터도 정초될 수 없다"고 단정한다. 그렇게 되면 그것은 "그가 하나님에 대해 말할 때, 사랑이라는 개념을 너무 협소화시킨 것에 해당"51)하기 때문이다. 하나님을 사랑으로 정의하는 요한의 전통과 달리 바울은 유대의 전통을 따라 하나님을 유일신으로 언급하고 있다. 그리고 공관복음은 예수와 그리고 그의 아버지와의

---

50) Rainer Dvorak, *Gott ist Liebe: eine Studie zur Grundlegung der Trinitätslehre*, (Würzburg: Echtedr, 1999), 339쪽.
51) Klimek, N., *Der Gott - der Liebe ist: zur trinitarischen Auslegung der Begriffs "Liebe" bei Eberhard Jüngel*, (Essen, 1986), 109쪽.

관계에 대해 주로 진술한다. 신약 성서의 하나님에 대한 다양한 이해에도 불구하고 '하나님은 사랑이다'는 정의는 뭔가 문제가 있어 보이고 조직신학의 출발점인 하나님의 자기정의에도 뭔가 다른 것이 있어야 한다는 것이다.[52]

---

52) 위의 책, 96쪽.

# 7. 무신론 시대의 신 사유 가능성

윙엘의 생애와 사상에서 논의했듯이, 윙엘은 구동독의 공산주의 사회에서 자라면서 무신론 시대에 신학은 '하나님에 관해 말할 수 있음이 무엇을 뜻하는지?'에 대해 관심을 가져야 한다고 말해왔다. 그가 지칭하는 무신론 시대는 근대 시대부터 시작됐다. 그러면 논의의 시작점에서 묻게 되는, 근대의 신 사유의 특징은 무엇인가? 헤겔은 그것을 자율적 자기의식의 규정이라 했다. 그러면서 그는 "자기 자신이 객관화되고 자기를 아는, 정신의 가장 진지한 일"을 열어준 근대 철학의 창시자로 『철학사 강의』(*Vorlesungen über die Geschichte der Philosophie*, 328)에서 데카르트를 지목한다. "우리는 … 새로운 세계의 철학에 도달하고 있다. 그리고 그 철학을 데카르트로부터 시작하자. 자기가 독립적으로 이성에서 유래되었다는 것을 알고, 또 자기의식이 참된 본래적인 것임을 아는 철학으로 발을 들여놓게 된 것이다." 그러나 헤겔과는 다른 관점에서 데카르트를 평한 딜타이(Wilhelm Dilthey)의 『르네상스와 종교 개혁 이후의 세계관과 인간분석에 관한 논고』(*Weltanschauung und Analyse des Menschen seit Renaissance und Reformation*, 349)에 따르면, 데카르트로부터 확립된 것은 자율적인 인간이다. "데카르트를 명석성 위에 바탕을 둔 정신의 자율성의 화신이라 하겠다." 그러나 20세기 들어 하이데거의 통찰에 따르면, 인간학이 등장하면서 데카르트는 최고의 승리를 구가했지만, 존재 인식에 대한 오해가 바로 주관성에서 비롯되었을 뿐 아니라, "인간학은 인간이란 무엇인가를 이미 알고 있고 또 그렇기 때문에 인간이 누구인가를 한 번도 물어 볼 수 없었던 것과 같은 인간의 해석이 되어 버리고 만"[53] 부정적인 결과를 초래하기도 한다.

이런 해석과는 달리, 슐츠(Walter Schulz)는 『근대 형이상학에 있어서의 신』이라는 저서에서 데카르트의 형이상학이 "자아를 넘어서서 신을 본래적인 주체로 내세웠음"[54]을 밝힌다. 슐츠와 동일하게 이해하고 있는 판넨베르크의 지적에 의하면, 데카르트는 우리 의식의 모든 다른 내용에 대한 최고의 조건인 "무한자를 직관한다는 새로운 착상으로 철학적 신론을 갱

---

53) Martin Heidegger, *Holzwege*, (Frankfurt a/M., 1950), 102-3.
54) Walter Schulz, 『근대 형이상학에 있어서의 신 - 철학과 신학』, 이정복 옮김, (서울: 종로서적, 1983), 7.

신한 자"[55]이다. 그러나 데카르트로부터 시작된 신 사유가 위기를 불러왔음을 지적하는 사람이 있는데, 그가 바로 윰엘이다. 아리스토텔레스 이래로 서구의 신 사유는 신의 존재(existensia)가 그의 본질(essentia)로부터 논리적으로 귀결된다는 존재와 본질의 일치를 근본 강령으로 하여 전개되어 왔다. 그러나 데카르트의 출현 이래로 신의 존재와 본질 사이에 인간의 사유(ego cogito)가 독자적인 자리를 차지하기 시작함으로써, 신 없이 자신의 존재의 확실성을 묻기 시작하는 독아론적 자아 이해 속에서, 신 사유의 위기가 첨예화되고 있음을 보고 있다. 생각하는 자아가 자신의 존재 보증을 위하여 신의 존재를 요구하게 될 때, 이미 전통 형이상학의 존재론적인 신 증명인 신 사유의 존재와 본질의 일치성은 붕괴되어 질 수 밖에 없었다. 이런 전통에 기초한 신 사유는 피히테의 요구("신 일반은 사유되어져서는 안 된다")나 포이어바흐의 주장("엄밀하게 말해서, 네가 신을 사유하는 곳에서만 너는 사유할 수 있다") 그리고 니체의 물음("너희들은 신을 사유할 수 있는가?")을 통해 '신을 사유할 수 있는' 가능성에 대한 탐구가 무신론적 정신 상황 속에서 계속된다. 윰엘에 따르면, '나는 생각한다'라는 자기정초적인 사유로는 형이상학적인 신 사유가 실

---

[55] Wolfhard Pannenberg, 『신학과 철학』, 정용섭 옮김 (서울: 한들출판사, 2001), 178.

제로는 생각되어질 수 없다.

그러면 근대 신 사유의 문제 제기에 답할 수 있고, 극복할 수 있는 길로서 신을 사유할 수 있는 가능성은 무엇이고 혹은 신을 사유할 수 있는 장소는 어디에 있는가? 융엘은 헤겔의 신 사유 가능성의 기본강령을 수용한다. 즉 루터적인 기독론의 전통과 계몽주의의 이성 사유를 함께 설정한 헤겔은, 비록 방법론적으로 근대의 형이상학적 논리를 따르면서도, '신은 신으로부터 사유해야 한다'는 입장을 취하는데, 최고 본질로서의 신을 더 이상 말할 수 없게 된 상황 속에서, 헤겔의 이러한 입장은, 융엘의 관점에서 보면, 신을 다시금 생각 할 수 있게 하는 하나의 범례가 된다.(1975, 125 f.) 특히 헤겔의 신의 죽음에 대한 언급이 그렇다. 즉, 그것이 기독론적 근원을 가진다는 것과 근대를 규정하는 무신론에 대한 기독교의 신학적 답변을 제공할 수 있다는 것이다. 그리하여 융엘은 다음과 같이 명시한다. "신앙이 있다는 사태를 통해서야 비로소 사고는 하나님의 빛 속에서 심사숙고가 가능하고, 심사숙고할 수 있다. 사고는 신앙에 뒤따라옴으로써 자신의 고유성을 수행할 수 있고 간접적인 방식이지만 자신의 입장에서 동반할 수 있다."(1975, 219) 따라서 융엘은 하나님의 말씀과 하나님과 허무성의 통일을 그 근거로 제시한다. 신의 말씀, 특히 십자가의 말씀 속에서 하나님은 부재자로서 현존한다.

## 1) 데카르트의 의심의 힘 : 신 필연성을 정초하기 위한 단초로서의 방법적 회의

가장 문제가 되는 근대 신 사유의 문제성은 데카르트에 의해 진행된 신과 신 사이의 사유 장소에 대한 논란에서 제기된다. 아리스토텔레스 이래로 진행된 신의 본질과 신의 존재 사이에 인간의 사유가 개입된 점이다. 데카르트는 지금까지 진리라고 여겨져 왔던 것을 의심하고, 더 이상 의심할 수 없는 확실성을 찾으면서, 그것을 더 이상 대상인 객관에다 두지 않고 그 대상을 인식하는 주관에다 두었다. 대상을 구성하는 인간의 인식 능력이 궁극적인 정초가 됨으로써 신의 존재와 신의 본질 사이에 인간의 인식 능력이 자리 잡게 되었다. 이제는 신을 인식하는 주체가 논의의 주제가 되었다. 데카르트가 제시한 의심의 힘은 방법론적으로 신의 필연성을 근거지우기 위한 단초로서 세워졌다.

데카르트는 『철학의 제원리(諸原理)』(*Les principes de la philosophie*) 제 2항에서 무엇이 아주 확실하고 가장 알기 쉬운가를 더욱 분명하게 찾아내기 위해서는 조금이라도 의심이 가는 모든 것을 거짓된 것으로 보고서, 그것을 버리는 것이 더욱 유익하다고 진단한다. "참된 것을 거짓된 것으로부터 구분하기 위해 의심을 해 보아야 한다"는 그의 말에서 우리는 회의의 기능이 '참을 거짓으로부터 구분하기를 배우는 능력'임을 알 수 있다. 참을 거짓으로부터 구분하려면, 모든 것을 의심해 보아야 한다. "이미 여러 해 전에 나는 깨달은 바 있다. 어릴 적부터 나는 많은 거짓된 것을 참된 것으로 받아들여 왔으며, 그 후 내가 그것들 위에 세운 것은 극히 의심스러운 것이요, 따라서 내가 학문에 있어서 언젠가 확고부동한 것을 세우려고 할진대 일생에 한번은 전에 내가 받아들였던 모든 의견을 송두리째 무너뜨리고, 아주 처음부터 토대를 쌓기 시작해야 한다고."56) 우리가 여기서 이해할 수 있는 것은 데카르트의 회의의 의도는 회의를 위한 회의가 아니요, 조금도 의심할 수 없는 확실한 것을 흔들림 없는 토대 위에 세우려는 목적을 가진 '방법으로서의 회의'(doute méthodique)였다는 점이다.

그러면 신 필연성을 정초하기 위한 단초로서의 방법적 회의를 통해 증명되는 데카르트의 신관이 가지는 문제와 그 의의가 무엇인가? 데카르트가 악한 영을 내세움으로써 지금까지 의심할 수 없었던 것 또는 의심할 수 없는 것처럼 보였던 것을 의심할 수 있게 하였다. 데카르트는 진리의 원천인 최선의 신이 아니라, 더할 나위 없고 유능하고 교활한 어떤 악한

---

56) 데카르트, 『방법서설 · 성찰 · 데까르뜨 연구』, 최명관 역 저, (서울: 서광사, 1983), 76.

영(*genius malignus*)이 온갖 재주를 부려 자신을 속이려 하고 있다고 가정한다. 그로 인해 전통적인 신을 배제하는 결과를 초래하고 만다. 그렇지만 데카르트는 이런 작업을 통해 인간은 신이 없이는 존재할 수 없으며 오히려 인간은 사유하는 존재로서 신을 전제해야만 한다는 사실을 명백히 할 수 있었다.

데카르트는 『방법서설』(*Discours de la méthode & Essais*) 제 4부에서 *cogito, ergo sum*의 원리와 '나'의 본질은 오직 '생각한다'는 데에 있음과 "아주 명석하고 아주 판명하게 이해하는 것들은 모두 참되다"고 하는 규칙을 세우고 나서, 신의 현존을 증명하는 길을 밟는다. 그러면 데카르트는 *cogito ergo sum*을 어떻게 확립하는가? "모든 것이 거짓이라고 생각하고 싶은 동안에도, 그렇게 생각하는 나는 반드시 어떤 무엇이어야 한다는 것을 깨달았다. 그리고 '나는 생각한다. 그러므로 나는 존재한다'라는 이 진리는 아주 확고하고 확실하여, 회의론자들의 제아무리 터무니없는 상정들을 모두 합치더라도 이것을 흔들어 놓을 수 없음을 주목하고서, 나는 주저 없이 이것을 내가 찾고 있던 철학의 제 1원리로 받아들일 수 있다고 판단하였다."(『방법서설』, 30) 내가 나를 사유하는 자로 생각하려면, 나는 나를 이미 존재자로 여겨야만 한다. 데카르트는 제 1 원리를 확실성의 아르키메데스의 점―나에게 설 자리를 달라, 그리하면 내가 우주를 움직이리라―으로 규정한다. 데카르트는 이러한 제 1원리에 기초해 신의 존재를 증명해 나간다. "내가 의심한다는 것, 즉 내가 불완전하며 의존적이라는 것에 주의할 때, 하나의 독립해 있고 완전한 존재, 즉 신의 관념이 아주 명석하고 판명하게 내 정신에 나타난다. 그리고 이러한 관념이 내 속에 있다는 것, 혹은 이 관념을 가지고 있는 내가 있다는 한 가지 사실만으로부터 나는 신이 현존한다는 것과 내 존재 전체는 모든 순간에 있어서 그에게 의존한다는 것을 아주 명증적으로 결론짓는다. 그리하여 나는 인간의 정신에 의하여 이보다 더 명증적으로, 또 이보다 더 확실하게 인식되는 것은 아무것도 없다고 확신한다."(『방법서설』107)

## 2) 피히테의 요구 : 신 일반은 사유되어서는 안 된다

피히테는 신 사유의 문제성을 다음과 같은 말로 요청한다. "그러면 만약 우리가 누군가에게라두 신을, 지나가는 식으로 (Vorbeigehen)라도 물어야 한다면, 그리고 내가 지나가는 식으로라도 이 물음에 답하고자 할 때, 신은 세계와 동일자로 생각되어져야만 하는가? 나는 대답했다. 세계와 동일한 것도 아니고 그렇다고 세계와 다른 것도 아니다. 즉 신은 세계와—특히 의미 세계와—함께 생각되어질 수 없고, 일반적으로 생각되어져서는 안 된다. 왜냐하면 이것은 불가능하기 때문이다."[57] 피히테는 '신과 세계가 같은 것이냐?'는 질문에 '신은 세계와 동일한 것이 아니라'고 답하면서 신을 그런 식으로 사유해서는 안 된다고 요청하고 있다. 그 이유는 두 가지 차원에서 설명할 수 있다.

첫째, 신이 실체로 사유되어서는 안 되는데, 그 이유는 실체라면 공간 속에 연장된 물체이어야 하고 그렇게 되면 신이 제한되기 때문이다. 즉, 신이 세계 속에 갇혀 있게 되면, 이로써 신의 본질은 유한한 것이 될 것이기 때문이다. 둘째, 그렇다고 신을 세계 밖에 존재하는 것으로 생각해서도 안 되는 이유는, 그렇게 되면 세계를 신으로부터 제외시키기 때문이다.

피히테의 익명으로 출판된 첫 저서인 『모든 계시에 대한 비판 시도』(*Versuch einer Kritik aller Offenbarung*)라는 제목에서 보듯이, 그는 모든 계시에 대한 철저한 비판을 시도하고 있다. 그 와중에서 "신적인 것은 올바른 행위를 통해서 구성된다. 살아 움직이는 도덕질서가 신 자체다.", "우리는 다른 신을 필요로 하지 않으며, 다른 신은 파악할 수가 없다"와 같은 주장을 함으로써 무신론자라는 비난을 받는다. 하지만 그는 자신을 무신론자라고 비난하는 것에 대해 변호할 필요성을 느

---

57) Johann Gottlieb Fichte, *Zur Religionsphilosophie (Der Herausgeber des philosophischen Journals gerichtliche Verantwortungsschriften gegen die Anklage des Atheismus)*, Fichtes sämtliche Werke, hg. von Immanuel Hermann Fichte, Bd. 5, (Berlin, 1845 [1971]), 266. 이하 전집 권수로 표시함.

겼다. 따라서 피히테는 특별히 무신론 논쟁을 불러일으킨 「신의 세계 통치에 대한 우리들의 신앙의 근거에 관하여」(*Über den Grund unseres Glaubens an eine göttliche Weltregierung*)라는 글에서 "종교가 도덕적 행위이어야 한다"는 포베르크(Forberg)의 명제를 거부하고, 도덕적 세계 질서와 신은 하나이고 동일자이기 때문에, "도덕적 세계 질서에 대한 신앙이 바로 신에 대한 신앙이다"고 주장한다.

그러면 도덕적 세계 질서인 신은 어떻게 인식되는가? 피히테는 크게 3가지로 나누어 설명한다.

첫째, 신은 지적 직관을 통해 인식된다. 어떻게 유한한 지식을 통해 절대적 지식을 파악할 수 있는가? 이 일이 가능하려면, 유한한 지식이 유한성을 벗어나야 한다. 즉 현실적인 의식의 흐름 안에 있는 모든 특별한 지식 중에서 절대적 일자와 동일자에 대한 특별한 지식으로 끌어올리는 일이 필요하다. 신을 인식하기 위한 필연적 조건으로 절대적 지식을 요청했다고 해서 인간의 사유가 절대자 자체에 이르는 것은 아니다.

둘째, 신은 자기부정을 통해 인식된다. 절대자인 신을 파악하기 위해 절대적 직관을 요청했지만, 그렇다고 절대자 자체에 이르는 것이 아니라면, 절대자 자체가 절대적 지식을 통해 계시되어야 한다. 신은 결코 인식 안에서 직접적으로가 아니라, 단지 이러한 인식 자체의 오성 안에서 신의 계시로서 존재한다. 그래도 다음과 같이 묻게 된다. 인식은 그것이 절대자의 계시인지 어떻게 파악할 수 있는가? 피히테는 이 문제에 대한 답으로써 절대적 지식이 자신을 자신의 대자존재 안에서 부정하는 자기부정을 근거로 든다.

셋째, 사랑을 통해 신은 인식된다. 피히테에 의하면 모든 의심을 배제하고 신을 확신할 수 있는 매체는 다름 아닌 사랑이다. 전적으로 그 자체에 머물며, 단지 반성 안에서 가능한 모든 의심을 넘어서는 사랑 외에 우리에게 신에 대하여 확실케 하는 것이 도대체 무엇인가? 사랑만이 신에 대한 확실성을 제공하며, 사랑 안에는 인식의 요소가 포함되어 있어야 한다. 이러한 사랑에는 직관적 인식이 첨가되는데, 이 직관적 인식은 스스로로부터 상을 이끌며, 이러한 상 안에서 직관적 인식은 그 자체로 비가시적인 사랑의 대상을 그려낸다.

### 3) 포이어바흐의 주장 : "엄밀하게 말해서, 네가 신을 사유하는 곳에서만, 너는 생각할 수 있다."[58]

피히테가 '신을 사유할 수 없다'는 요구를 지나가는 식으로

---

[58] Ludwig Feuerbach, *Das Wesen des Christentums*. Sämtliche Werke VI, hg. von Wilhelm Bolin & Friedrich Jodl(Stuttgart-Bad Cannstatt, 1960), 45.

던지고 있지만, 포이어바흐는 아주 철저하게 엄밀화한다. "엄밀하게 말해서, 네가 신을 생각하는 곳에서만, 너는 생각할 수 있다." 포이어바흐가 이 말을 통해 하고 싶어 하는 것은 '신'이라는 단어 속에 포함된 비밀이 인간에게 유용해야 한다는 점과 더 나아가 '신'이라는 단어 속에서 말해진 모든 것이 사실은 인간으로부터 표출된 것이라는 생각이다. 포이어바흐는 『기독교 본질』(*Das Wesen des Christentums*)에서 '신은 인간의 의식이 만들어 낸 것일 뿐이다'고 생각한다. 동시에 그는 『기독교 본질』에서 종교를 강하게 비판하고 있다. 포이어바흐가 이해하는 종교는 인간의 본질, 특히 유한하고 제한된 것이 아니라 무한한 자신의 본질에 대한 인간의 의식과 다를 수 없다. 인간의 본질은 무한이다. 엄밀한 혹은 본래적인 의미에서 의식과 무한자의 의식은 분리되지 않는다. 무한한 본질은 인격화된 인간의 무한성과 다르지 않다.

포이어바흐는 신학을 인간학으로 정향시킨다. 그의 이런 생각, 곧 신학의 비밀이 인간학이어야 한다면, 융엘이 보기에 "그것은 생각될 수 없는 방식으로 남아있어야만 한다."(1975, 194) 그러면 포이어바흐가 말하는 신은 어떤 존재인가? 그는 안셀무스(Anselmus)가 『프로스로기온(*Proslogion*)』에서 신을 "보다 더 큰 분을 생각할 수 없는 분"[59)]으로 정의하는 것을 수용한다. 이런 수용 하에서만 포이어바흐가 주장한 것이 의미를 가진다.

'보다 더 큰 분을 생각할 수 없는 분'으로서의 신은 오성이 최고의 것으로서 사유하는 어떤 것으로서 자신을 최고의 본질로서 진술하며 긍정하는 이성이다. 포이어바흐의 이러한 지적을 통해 우리가 반성해 보아야 할 점은 무엇인가? 우리가 가지고 있는 신에 대한 이해는 '인간이 없는 신'일 뿐이고, '역사가 없는 신'이며, '현실을 무시하고 초월'만을 강조하지 않았는가?

### 4) 니체의 질문 : "너희들이 신을 생각할 수 있는가?"[60]

'너희들이 신을 생각할 수 있는가?'라는 짜라투스트라의 질문은 '너희들은 신을 창조할 수 있느냐?'는 질문과 대비를 이루고, 이 두 질문은 다음과 같은 주장을 전제한다. 니체는 신을 우리의 생각이 만들어 낸 창작물일 뿐이라고 주장한다. 인간은 신을 창조했다. 니체는 종교의 근원을 인간의 자기부정 감정으로부터 해석한다. 종교는 그 안에서 모든 타락의 본능들, 영혼의 모든 비겁함과 피곤함이 신성하게 되는 잡종적이고 타락된 구성물이다. 고대 형이상학과 기독교 철학이 우리

---

59) Anselm of Canterbury, *Proslogion*, 전경연 옮김, (서울: 한들출판사, 1997), 2장-3장.

60) Friedrich Nietzsche, *Also sprach Zarathustra*, Nietzsche Werke VI-1, (Berlin, 1968), 105.

에게 전승시킨 바와 같은 신의 관념은 그릇된 것이다라는 것이다. 신은 피안 또는 우리의 세계의 바깥에 절대적 타자로서 우리와는 아주 상이한 것으로서 존재하지 않는다. 이렇게 표상된 신은 죽었다.

## 5) 근대 형이상학적인 신 사유의 실질적인 사유불가능성

데카르트로부터 시작된 근대의 신 사유의 단초는 피히테, 포이어바흐 그리고 니체를 통해 계승 발전되고 있다. 이들은 '나는 생각한다'는 생각의 근대적 자기정초의 전제 아래에서 신 사유를 전개한다. 피히테는 '나는 생각한다'를 '나는 행위한다'는 개념을 통해 더 세밀하게 다듬고, 포이어바흐는 오성본질을 마음의 본질로서야 비로소 정당하게 개념파악이 되는 신 개념을 위한 틀로서만 타당한 것으로 보았다. 또한 니체는 생각의 자기정초를 거부하고 의지를 통해 생각의 한계를 세워나간다. 근대 신 개념을 위한 생각의 이러한 자기정초의 결국은 이미 데카르트에게서 그 단초를 엿볼 수 있다. 실존과 같은 그 무엇을 결정하는 사유는 그 자체 신의 본질과 신의 실존을 정립하고 따라서 본질과 실존의 통일로 여겨질 수 있는 신 개념을 분해한다. 즉 융엘이 보기에 "'나는 생각한다'는 신과 신 사이에 서 있다. 따라서 그것은 그의 고유한 신 확실성을 깨뜨렸다."(1975, 200) 근대의 형이상학적인 신 사유의 실질적인 불가능성은 결국 신의 본질과 신의 실존 사이의 붕괴에 기초한다.

피히테의 요구, 곧 '신 일반을 생각할 수 없다'는 요구는 신의 신성을 유지시켜야만 했다. 그것은 보증으로서의 생각이라는 데카르트적인 단초에 따르면, 그리고 거기에 상응하는 실존 이해에 따르면, '신이 실존한다'는 문장 아래서만 참 보증으로 여길 수 있을 것이다. 그러나 실존 없이 생각된 본질은 신일 수 없기 때문에, 신의 신성에 대해 신 일반을 결코 생각할 수 없는 요구를 필연적으로 하고자 했다.

포이어바흐도 피히테처럼 형이상학적으로 규정된 신적인 것에 대한 유지에 관심을 가졌다. 그러나 그는 신의 신성이 아니라 인간의 신성을 확보하려 했다. 따라서 포이어바흐는 기존의 형이상학적인 전통을 비판하게 되는데, 즉 그가 실존하는 신 개념을 신적인 것이라는 개념으로 환원함으로써 신적인 것이 술어개념이 된다고 지적할 뿐만 아니라, 인간을 류 본질로 긍정적으로 빈사(賓辭)로서 규정한다. 신적 본질이 인간성의 본질임을 요구하기 위해서는 신의 실존이 없어져야 했다. 피히테에게 '나는 생각한다'를 통해 확정된 실존이 신을 어떤 경우에도 동반할 수 없는 술어였다면, 포이어바흐는 신의 본질을 무한한 것으로 생각하기 위해 그리고 더 나아가 인간에게 무한성을 술어로 곁에 두기 위해 신의 실존을 부정했어야만 했다. 신 개념이 최고 본질이고 완전성을 가지는 그리고 어떤 결핍도 없는 무한 본질이라는 식으로 사용되기 위해서는 피히테처럼 포이어바흐 역시 신의 본질과 신의 실존을 서로 통일할 수 없는 것으로 보고 만다. 그렇게 함으로써 포이어바흐는 인간 실존의 유한성을 신적 본질의 고상한 품위로 끌어 올리는 목적을 실현할 수 있었다. 바로 그렇기 때문에 신적인 것을 사유할 수 있는 가능성이 피히테와는 달리 분명히 주장되었어야만 했다. "신학의 참된 의미가 인간학이며 신적인 본질의 술어와 인간적인 본질의 술어 사이에는 어떤 차이도 없다는 것, 따라서 신적인 주어 혹은 본질과 인간적인 주어 혹은 본질 사이에도 역시 어떤 차이도 없고 동일하다"(1975, 191)는 포이어바흐의 주장은 윤엘이 보기에 논리적으로 불충분한 것으로만 보인다.

니체는 여기에서 더 나아간다. 즉 그는 더 이상 신에 대해 말하지 않는다. 니체는 인간을 형이상학이 다루는 신의 품위로 고양시키려 하면서 신에 대해 더 이상 말하지 않는다. 그 대신에 초인에 대해 말한다. 니체에게 기독교적인 신 개념은 무한한 것에 대한 전적인 추측일 뿐이다. 피히테와 포이어바흐와는 달리 니체는 신의 본질을 철저하게 유지하지만, 그런 한에서 신의 실존은 거부된다. 신을 생각할 수 없다는 말은―피히테와는 엄밀하게 대립되는데—생각이 신적 본질을 통해 신용을 떨어뜨리는 것이 되어버리고 따라서 심지어 이 신적 본질과 더 나아가 신의 실존도 그리고 역시 신을 생각할 수 없는 것으로 주장되게 되었어야만 했다. 신의 죽음은 인간에게 해당하는 일이다. 신 사유의 파괴는 '나'의 일로 통찰될 수 있다. 그 일을 위해서는 새로운 사고가 필요했고, 이제 허무하지 않는 최고 본질에 대한 사유가 이미 불가능하게 되니까 새로움을 생각해야만 하는 필요성만이 강조되고 따라서 스스로 새롭게 되었어야만 했다. 그리하여 이미 '나는 생각한다'로부터 파괴된 형이상학적 신사유의 인간적대성이 제대로 통찰될 수 있었다.

그러나 융엘의 지적에 따르면, 니체의 생각 속에는 분명한 모순이 존재한다. 즉 어떤 신도 불가능하다는 주장을 하면서도, 다른 곳에서 '십자가의 신'을 전적으로 허무한 것과 연대하는 신으로 지각하고자 하는 그의 생각에는 앞뒤가 맞지 않는다는 것이다. 여기서 우리가 말할 수 있는 잠정적 결론은 근대 형이상학의 궁극적인 확실성은 다름 아닌 신의 실질적인 사유불가능성에 대한 확신이었을 뿐이다.

## 6) 근대의 신 사유 문제에 대한 융엘의 신학적 답변

그러나 융엘은 하나님을 사유할 수 있는 가능성의 장소로 하나님의 강림(adventus)과 말씀(logos) 그리고 허무성(Vergänglichkeit) 개념을 제시한다. 다시 말하면, 융엘은 근대 형이상학이 결론적으로 얻은 신의 사유 불가능성에 대한 확신을 거부하고 신 사유의 가능성을 제시한 것이다. 먼저 하나님의 강림부터 설명해 보자.

  융엘은 어느 다른 신학자들과 달리 하나님의 강림을 통해 근대의 무신론의 문제 제기에 답한다. 하나님이 강림하시기 때문에, 우리는 하나님에 대해 말할 수 있고 또한 생각할 수 있다. 하나님의 강림이 없이는 신앙이란 있을 수 없고, 그리스도인은 어느 것도 말할 수 없다. 신학 또한 어떤 참된 것에 대해서도 사고할 수 없을 것이다. 융엘 사고의 가장 근본 핵심은 하나님의 강림이 모든 인간의 신앙이나 불신앙, 사유나 느낌, 삶과 행위보다 우선한다는 것이다.

  이러한 그의 사고는 교회나 신학에서 아주 큰 반향을 불러일으키고 있다. 왜냐하면 이것은 근대가 수행한 하나님 사고의 전환을 요구하기 때문이다. 즉 '하나님을 사고하는 것이 가능할 때에만이 하나님은 존재할 수 있다'는 근대적 사유유산을 융엘은 거부하고 하나님에 대한 사유는 인간이 없을 때에만 가능한 것이 아니라, 자기 자신을 생각하지 않고도 필요하기 때문이라고 보기 때문이다. 그리고 하나님에 대한 사유는 하나님을 생각하지 않으면 자기 자신을 생각할 수 없더라도 하나님에 대한 사유는 필요하다. 하나님을 생각하는 일이 귀중한 이유는 그것의 인간학적 중요성 때문이고, 이런 중요성이 부각될 때만 신학적으로 의미 깊은 것이 된다.

이러한 입장이 좋은 듯이 보이기도 하지만, 반드시 그렇게만 생각할 것이 아니다. 왜냐하면 그것이 신 사유를 구해주었는지는 모르나, 문제는 그 일이 신과 더불어 진행된 것이 아니라, 사유 가능성이나 인간의 필요성에 기초한 신학적 사유일 뿐이라는 제한점을 갖기 때문이다. 그러나 융엘의 강림의 신학은 그러한 경향에 이의를 제기한다. 융엘의 강림의 신학은 신학이 인간으로부터 생각한 것이라는 사실을 반박할뿐만 아니라, 신학은 하나님이 인간에게 행하신 것으로부터 그리고 하나님이 인간으로부터 행하신 것으로부터 철저하게 인간을 이해해야만 한다는 점을 강조한다. 이러한 인간학적 출발점은 따라서 신학적 '인간'이어야 함을 말한다. 그것은 '인간이 무엇인지?'에 대한 물음에서 출발하지 않고 '인간이 되어야 하는' 데서 근거해야 한다는 것이다. 하나님이 오시는, 그리하여 모든 것을 새롭게 하는 하나님의 강림, 즉 융엘의 용어를 따르자면, 종말론적인 의미인 "하나님의 되어감"에 근거해야 한다는 것이다. 이것이 바로 강림신학의 핵심내용이다.

강림신학의 이념에 따르면 인간의 어떤 강함이나 논리 또는 필요나 능력 때문이 아니라 오로지 하나님의 강림을 통해 우리에게 가능하게 된 것, 새롭게 시작할 수 있는 것이 신학적으로 궁극적인 것이어야 한다. 하나님의 강림이 없이는 신학적으로 그 어떤 것을 말해도 의미가 없다는 것이고 그 어떤 것이라도 생각할 수 없다는 것이다. 융엘은 교회나 신학에게 말씀을 통해 그리고 행위를 통해 강림하시는 하나님을 제시할 것을 요청하고 있다. 하나님은 늘 자신으로부터, 자신을 위해 그리고 자기 자신을 통해 하나님으로 올 뿐만 아니라, 하나님이 강림하심은 단순한 가능성이 아니라 실제적인 일이고, 실제로 일어난 일이기 때문에 필요한 것 이상이어야 한다. 신앙이 바로 이것을 이끈다. 신앙은 하나님의 강림에 기인하고 이 세상에서 신앙인의 삶 속에서 나타나는 모든 것을 넘어선다.

하나님의 강림은 이 세계에서 하나님에 대해 말할 수 있는 신앙을 가능하게 했고, 하나님을 생각할 수 있는 신학을 가능하게 했다. 우리는 하나님 자체보다 하나님에 대해 사유할 수 있는 또 다른 근거를 필요치 않는다. 그럼에도 우리가 하나님을 생각할 수 있는 이유는 하나님 자신이 세계에 오셨기 때문이고, 말씀에서 이해할 수 있게 하셨기 때문이며, 성령을 통해 일하셨기 때문이다. 그리고 하나님은 늘 다시금 새로운 방식으로 세계 속에 말씀으로 오시기 때문에, 우리는 하나님을 결코 끝으로 생각할 수 없다. 하나님은 늘 놀라운 일을 하시기 때문에, 인간의 사유 속에서 개념적으로 고착화될 수 없고, 개념적으로 파악되지 않는다. 하나님을 사유하기 어려운 근거는 하나님이 세계를 초월하는 타자성이기 때문이 아니라, 그의 놀라운 관계의 깊이와 넓이 때문이다. 결코 과거가 될 수 없는 그의 강림 때문에 하나님의 존재를 늘 다시금 새로운 방식으로 말할 수 있게 만든다. 하나님이 우리와 이 세계 속으로 강림하시기 때문에 우리는 하나님에 대해 말할 수 있고 생각할 수 있다. 하나님의 강림 때문에 인간과 세상이 새로워지고, 의미를 가지게 되며, 불가능한 것이 가능하게 된다. 하나님은 늘 새롭게 강림하시기 때문에, 우리는 그에 대해 늘 계속해서 말해야 한다.

근대 형이상학이 제기한 무신론적 신 사유 불가능성의 문제성을 풀기 위해서는 신과 생각의 관계를 새롭게 규정할 필요가 있다. 그렇기 위해서는 다음의 두 가지 과제가 제시되어야 한다. 첫째, 신은 그가 존재하는 분으로 생각되어야만 한다. 다시 말하면, 신의 본질과 신의 실존 사이에는 더 이상 차이가 있으면 안 된다. 이 때 차이란 '나는 생각한다'에 의해 신과 신 사이에서 정립하도록 하면서 있는 것이다. 이제는 신을 새롭게 생각하기를 배워야 한나. 그러면 신은 누구이고 무엇인가? 둘째, 생각은 다음과 같은 것으로 여겨져야 한다. 생각 일반은 신의 본질과 신의 실존 사이를 파고 들어가기 위해서 더 이상 마음을 써서는 안 된다. 그러면 도대체 생각이란 무엇인가?

두 가지의 과제, 곧 '신이 누구이고 생각이란 무엇인가?'라는 질문 속에 있는 신과 생각의 관계, 곧 신앙과 이성의 관계를 새롭게 정립하기를 배워야 한다는 과제는 사실 신학이 추구해야 할 과제이며, 신학이 그런 일 하는 것이 아니라고 생각해서는 안 된다. 그렇지만 십자가에 달린 인간 예수를 참하나님으로 책임 있게 진술하는 신학과 철학적 신학은 분명 구별되어야 한다. 그러면 어떤 점에서 둘은 구분되는가? 몇 가지를 지적할 수 있다.

첫째, 우리가 이성을 새롭게 규정함으로써 이성의 분석학으로부터 도출되는 신 사유에 다다를 수 없다는 것, 그보다는 헤겔이 제시한 것처럼, 신을 신으로부터 생각하는 과제를 해결함으로써 이성의 신학적 새로움을 강조할 수 있다는 것이다.

둘째, 신을 신으로부터 생각하려는 과제는 특정한 가능성으로부터 도출되는데, 그것은 인간학적으로 도식화하자면, 특별한 신 체험과 더불어, 신과 인간 이성과의 특별한 관계를 세워나가는 일이다.

셋째, 신을 신으로부터 생각하는 과제에 있어서 이성은 성서 텍스트의 현실성으로부터 가능성을 이끌어 내는 일이다. 이 세 가지를 충족시키는 것은 "신을 사유할 수 있는 가능성의 장소로 이성보다 앞서는 말씀"(1975, 206)을 제시하는 것이다. 앞에서 제기된 두 가지 질문, 곧 '신은 누구이고 이성이란 무엇인가?'에 대해 융엘은 '말씀' 개념을 통해 대답한다. 신은 신의 말씀 속에 있다. 그는 특히 십자가의 말씀(고전 1: 18 이하)을 근거로 드는데, 십자가의 말씀은 자연적인 인간에게는 미련한 것이고 보편타당한 것으로 전제된 "신 사유와의 철저한 단절"(1975, 209)을 함축한다. 그렇지만 예수는 "나로 말미암지 않고는 아버지께로 올 자가 없다"(요 14:6)라고 말한다. 융엘은 이 구절을 하나님 인식과 관련하여 복음신학의 근본명제로 본다. 하나님을 인식할 수 있는 근거로 융엘은 말씀으로 오신 예수를 제시한다. 그러나 어려움은 로고스가 신의 로고스가 아니라 우리의 인간적인 로고스이지 않느냐는 문제에 부닥칠 때 생긴다. 이 문제를 풀기 위한 어떤 출구가 있어야 하는데, 융엘은 성서 텍스트를 그 출구점으로 든다. 성서 텍스트는 우리의 언어의 한계를 버리지 않으면서도 신 스스로 말해졌다는 것을 말한다. 즉, 성서 텍스트는 "하나님을 말씀하는 자로" 인식하도록 촉구한다. 이 점에 기초할 때, 성서 텍스트는 우리에게 하나님을 하나님으로 생각하는 과제를 신학이 수행하도록 가능성으로서 제시된다. 융엘의 신 사유 가능성의 뿌리는 다음의 문장으로 표현된다. "성서의 현실성은 하나님을 하나님으로 생각하도록 가능하게 한다."(1975, 210)

그러면 '본인 자체로부터 말씀하시는 하나님'이라는 사고는 우리의 주제와 관련하여 어떤 점을 시사해 주는가? "하나님을 생각하는 이성은 일차적으로 생각할 수 있는 하나님에 불가분적으로 근거한다."(1975, 211) 하나님의 말씀이라는 개념은 그 자체로 하나님을 말씀하시는 분으로 진지하게 받아들이라는 요구를 함축한다. 신학이란 본질적으로 "하나님의 말씀론"으로 "하나님에 대한 책임있는 진술이다."(1975, 217)

이성은 하나님을 단지 다음의 조건일 때만 생각할 수 있다. 즉 그것이 신앙에 따라가는 동안에만 올바로 기능한다. 이성 자체는 믿지 않고 단지 생각할 뿐이다. 생각은 결코 믿지 않는다. 생각은 하나님과 신앙을 함께 생각하지 않고는 하나님을 생각할 수 없다. 신 사유 속에서는 하나님이 본인 자체에서부터 말씀하시는 분으로, 따라서 전적으로 말하는 존재로서 생각되어짐으로써만 그 자체를 표현한다. 이 자신을 그 자체로 말씀하는 분으로 인식하도록 하고 그 자체로 생각할 수 있다면, 그것은 전적으로 말씀이 무엇이냐는 이해에 달려 있다. 이 때 말씀은 실증주의적 언어관처럼 단순한 정보기호일 수 없다. 이 같은 이해라면 하나님 말씀의 본질을 뒤흔들어 놓는다. 말씀은 하나님과 인간의 만남의 특성인 상응 개념으로 설명되어야 한다. 융엘은 이를 "일어남"(Ereignis)으로 받아들인다. 일어남은 달리 표현하자면, 하나님이 우리에게 가까이 오는 관계인데, 이런 가까움에서는 벗어남 또는 멂이 지양된다. 우리의 문제는 여기서 핵심에 도달한다. 하나님의 가까움과 멂의 관계가 얼마나 구체적으로 그리고 정확하게 규정되느냐에 따라 하나님을 말할 수 있는 가능성에 대한 탐구의 핵심문제가 풀린다. "하나님의 현존과 부재는 하나님의 말씀 속에서 더 이상 선택적으로 생각할 수 없다. 오히려 하나님은 말씀 속에서 부재자로서 현존한다."(1975, 222) 이러한 역설적 개념은 무엇을 의미하는가? 이것은 무신론적 상황 속에서 하나님에 대해 책임 있게 말하려는 융엘의 신론 내지는 그의 십자가 신학의 핵심적 표현인 것이다. 만약 하나님이 말씀 속에서 부재자로서 현존하게 되면, 그리하여 하나님이 자신을 말씀 자체를 통해 가까이 임하게 되면, 그것은 하나님을 만나는 일이 불가능한 것이 아니다. "그렇게 하나님으로부터 만나는 생각은 말씀을 하나님을 사유할 수 있는 가능성의 장소로 긍정한다."(1975, 223) 만약 하나님이 말씀 속에서 세계에 임한다면, 형이상학적인 신 사유와는 달리 그리고 그 속에 있는 신의 절대성의 난제와는 달리, 신을 허무한 것과 통일시키면서 생각하는 가능성과 필연성이 열리게 된다. 융엘의 지적에 따르면, 니체가 참으로 시도하고자 했던 작업의 핵심은 신을 생각할 수 있는 유일한 가능성에 대한 참 근거였는데, 그 신은 다름 아닌 "십자가의 하나님"(1975, 227)이었다.

두 번째로 융엘은 하나님을 생각할 수 있는 가능성의 근거로 허무성과 하나님의 통일을 제시한다. 헤겔에 따르면, 허무성 때문에 하나님을 생각할 수 없었다 한다. 왜냐하면 전통 형이상학의 이해 방식에 충실하자면 신은 창조자요, 전능자요, 완전자로서 허무성은 유한자에게 해당하기 때문이다. 이런 전통에 서 있는 사람들의 예를 들면 피히테나 포이어바흐 그리고 니체가 있다. 융엘은 심지어 데카르트의 회의도 허무성과 연결된다고 본다. 그러면 신학은 허무성 개념을 통해 어떻게 근대 형이상학이 부정한 신 사유 가능성에 대답할 수 있는가?

융엘은 헤겔이 삼위일체를 십자가로부터 생각했다는 점을 긍정적으로 평가한다. 융엘에 따르면, 신학은 헤겔로부터 두 가지 점을 배울 수 있는데, 첫째는, 신의 죽음에 대한 기독론적 근원, 곧 '신의 죽음의 문제는 십자가의 예수에 대한 이해의 문제이다'는 점과 둘째는, '근대의 무신론은 신 개념을 밖에서부터 규정할 수 없다'는, 즉 '신은 신으로부터 사고해야 한다'는 삼위일체의 가능성을 세운 점이다. 신을 생각할 수 있는 장소는 하나님의 말씀이고, 이 말씀 속에서 하나님은 시간적으로 거기에 존재하고 계신다. 만약 이러한 융엘의 제안이 정당하다면, 필자가 보기에도, 이것은 하나님과 허무성을 함께 사유할 수 있는 전제가 된다. 그것은, 융엘이 말한 그대로, 다름 아닌 "하나님을 생각할 수 있는 가능성의 전제"[61]이다. "하나님은 신학에서 정당하게 생각될 수 있어야만 한다. 우리가 '철학자들의 신'에 반대하여 하나님을 생각할 수 있는 가능성을 의심함으로써 어느 것도 성공할 수 없기 때문에, 하나님은 생각되어야만 한다."(1975, 269) 다음의 문장은 융엘이 기독교 신학이 어떠해야 하는지를 우리에게 알려주는 좋은 예이다. 즉 기독교 신학은 신 개념을 철저히 규명하고 파악하여, 철학이 이성을 매개로 신 개념을 체계화하는 작업보다 더 엄격하게 신학화 작업을 수행해야 한다. '철학자의 신'은 '아브라함과 이삭 그리고 야곱의 신'과는 다르다는 파스칼(Blaise Pascal)의 구분이 그의 시대에는 요구되었는지 모르지만, 오늘날은 더 "생명력이 없는 일"(steril)(1975, 269)이 되어 버리고 말았다. 우리에게는 '신의 사고가 신의 존재에 상응한다'는 식으로 신을 사유할 수 있는 가능성과 필요성을 근거지우기 위한 자세가 필요하다. '기독교의 하나님의 존재는 하나님과 허무성을 통일로 생각할 수 있는 가능성을 그 스스로 제공한다'는 것이 융엘의 기본 입장이다.

우리는 지금까지 근대의 신 사유가 가지는 문제성에 대해 고찰했다. 그것은 다름 아닌 아리스토텔레스 이래로 전승되어

---

[61] Klimek, *Der Gott - der Liebe ist: zur trinitarischen Auslegung der Begriffs "Liebe" bei Eberhard Jüngel*, 269.

온 신의 존재와 본질 사이의 일치가 아닌 분리, 곧 데카르트에 의해 시작된 생각하는 주체의 등장이었다. 데카르트적인 '나는 생각한다'라는 사유의 자기정초는 형이상학적으로 정초된 신 확실성의 파괴를 위한 첫걸음이었다. '신 일반을 생각할 수 없다'는 피히테의 요구는 실존 없이 생각된 본질은 신일 수 없기 때문에, 신의 신성을 유지시키기 위해 '신 일반을 생각할 수 없다'고 요구했다. 반면에 포이어바흐는 신의 신성이 아니라, 인간의 신성을 확보하려 했다. 그렇지만 신적 본질이 인간성의 본질임을 요구하기 위해서는 신의 실존이 없어져야 했다. 그렇기 때문에 그는 '엄밀하게 말해서, 네가 신을 사유하는 곳에서만, 너는 생각할 수 있는 것이다.' 여기서 더 극단적으로 나갔던 니체는 신적 본질이나 실존을 더 이상 사유할 수 없게 되었다고 보았기 때문에, 다만 그것은 생각이 만들어낸 추측일 뿐이라고 말한다. 이런 근대의 신 사유의 문제성에 대해 융엘은 신학적으로 답변한다. 성서의 말씀은 하나님을 하나님으로 생각하도록 가능하게 한다. 그 근거는 '스스로 말씀하시는 하나님이 말씀 속에서 부재자로서 현존'하시기 때문이다. 십자가는 헤겔이 본 것처럼, 하나님이 죽을 수 있다는 것을 보여주었지만, 니체가 지적한 바처럼 허무성의 논란을 불러일으킨다. 그러나 십자가야 말로 하나님을 부재자로서 현존하는 분으로 제시한다.

요약

전통 형이상학은 특히 아리스토텔레스 이래로, 신의 존재와 본질의 일치를 신학의 핵심 주제로 설정했고, 그 작업의 완성 여부에 대해 논의해 왔다. 신학은 삼위일체 논쟁을 통해 신의 존재와 본질의 일치를 추구했다. 그러나 근대에 접어들어 데카르트를 통해 신의 존재와 신의 본질의 통일 논의를 회의하게 되었고, 그리하여 데카르트는 더 이상 의심할 수 없는 제일 원리를 찾고, 그 제일 원리에 기초해 신의 존재를 증명하고자 했다. 따라서 신의 존재와 신의 본질이 더 이상 신 자체의 속성과 행위와 존재에서 논의되지 않고, 그것을 인식하는 인간의 인식주체와 능력이 왜 정당하고 합법적인지 그 근거를 묻는 일과 관계되었다. 융엘은 근대의 신 사유의 불가능성이 여기에서부터 시작한다고 보았다. 즉 신의 존재와 신의 본질 사이에 인간의 사유가 개입하게 되었다는 것이다. 우리가 신학 안에서 삼위일체 논쟁을 통해, 경륜적 삼위일체—신의 존재—와 내재적 삼위일체—신의 본질—의 관계성을 일치와 통일성으로 제시했지만, 데카르트 이후로는 그것이 인간의 사유에 의해 정당하다고 인정받아야 하는 사태가 도래하고 말았다. 여기서 더 나아가, 포이어바흐는 신 사유가 더 이상 불가능하게 된 이유는 신이란 바로 인간이 구성해 낸, 즉 만들어낸 이성의 산물일 뿐이라고 보았기 때문이다. 신의 본질을 인간의 본질로 본 포이어바흐는 신을 생각할 수 있는 곳에서만 인간을 생각할 수 있다고 했다. 이 점에 대해 우리는 반성해야 한다. 우리는 성서가 말하는 하나님을 신앙하기보다, 자기의 욕구나 필요성에 의해 만들어 낸 신을 숭상할 수 있기 때문이다. 더 나아가 자기가 만들어 낸 신과 성서가 말하는 신이 무엇이 다르고 어떻게 다른지 가름할 수 있어야 하고, 또한 가름할 수 있는 분별력을 가져야만 하게 되었다. 그러나 성서는 이미 우리에게 이것을 요구하고 있다. 때가 악하니 영들 분별하는 능력을 가져야 한다. 니체는 여기에서 더 나아가 신의 죽음을 선언하고 만다. 니체는 신의 본질이나 존재 등을 사유물일 뿐이라고 일축하고 만다. 그리하여 근대의 말에는 신의 죽음으로 말미암은 허무주의 문화를 극복할 수 있는 대안을 찾아야만 했다. 유럽의 역사에서 보듯이 현대로 접어들면서, 제1, 2차세계대전과 유태인 대학살 등의 전쟁과 학살, 기아와 고난이 난무하고 있다.

  융엘은 이 문제를 해결하기 위해서 헤겔에게서 힌트를 얻는다. 헤겔은 루터의 정신을 훼손하지 않는 범위 내에서, 신의 본질과 신의 존재를 삼위일체 안에서 통일성으로 사유할 수 있는 가능성을 밝혀 주었다. 헤겔이 지키고 있었던 대 원칙은 '신은 신으로부터 사유해야 한다'는 것이었다. 즉 데카르트처럼 인간의 사유의 위치를 의심했다. 또한 니체에게서

가능성을 보았다. 사실, 니체는 십자가를 허무성과 연결시키며 십자가에서 죽는 신을 전통 형이상학이 거부하려는 것에 대해 반대하면서 신의 죽음을 공식화해 버렸지만, 십자가에서 죽은 신이 나약한 신이 아니라, 오히려 신이 살아계시는 분이심을 증거한 사건이라는 측면을 읽지 못했다는 것이 윰엘의 지적이다. 필자는 윰엘의 지적에 동의한다. 십자가는 허약한 신이 아니라 그리고 죽을 수 없는 신이 아니라, 강한 신이며 죽은 신을 증거한다. '강하다'는 말은 죽음을 죽이는 능력이 드러남을 말하고, 죽은 신이란 신이 죽은 것이 아님을 증거하는, 즉 부활하시는 하나님이심을 위한 전제임을 뜻한다.

# 8. 자연신학

 자연신학의 목적은 세계의 현실성으로부터 하나님의 현실성을 이해하는 것이다. 그것은 하나님이 세계의 현실성으로 오셨음에 근거하고, 그 근거의 정당성은 '하나님이 만물을 지배하는 현실성이다'라는데 기초한다. 성서는 하나님과 세계의 현실성의 관계를 분리하지 않는다. 따라서 그 관계성 속에서 '하나님이 존재하신다'는 사실을 '말씀으로 존재하신다'고 증언한다. 칸트도 이와 비슷한 말을 했다. "성서 신학은 하나님이 존재한다는 사실을 하나님이 성서 안에서 말씀하고 계신다는 것으로써 증명한다."[62]

 자연신학의 주요 관심사는 신 인식론이다. 바울의 선교 보고에 의하면, 세상은 십자가를 싫어하고, 미워한다. 다르게 설명하자면 세상은 십자가를 통해 신을 인식하는 것을 원하지

---

62) Immanuel Kant, "Der Streit der Fakultäten", *Schriften zur Anthropologie, Geschichtsphilosophie, Politik und Paedagogik*, 1964, 285쪽

않는다. 루터는 계시하시는 하나님과 은폐되어 있는 하나님의 이중성을 말하면서도, 십자가 신학을 제안하여 신 인식의 가능성을 제시했다. 바르트는 『바르멘 선언』에서 이렇게 말했다. "성서가 우리에게 증거해 주고 있는 바대로 예수 그리스도는 우리가 들어야 하며, 삶이나 죽음에서도 신뢰하고 복종해야 하는 하나님의 말씀이다. 세력, 형태 혹은 진리를 하나님의 계시로 인정할 수 있고, 인정해야 한다는 거짓교리를 우리는 배격해야 한다." 바르트는 『교회와 문화』에서 "인간들은 인간들이 되어야 한다. 그 이상도 그 이하도 아니다"(376)고 말함으로써 자연신학에 대한 자신의 입장을 분명하게 표명했다.

1934년에 바르트와 브루너(Emil Brunner)는 자연신학에 대해 논쟁했다. 바르트는 계시신학을, 브루너는 자연신학을 옹호한다. 브루너가 옹호하는 자연신학은 일반계시를 수용하지만, 바르트의 계시신학은 특별계시만을 중시한다. 브루너의 『자연과 은총(*Natur und Gnade*)[63]』에 대해 바르트가 『아니오!(*Nein!*)[64]』라고 답함으로써 하나님과 인간의 관계 문제로 자연신학에 대한 논쟁이 시작된다. 바르트는 '유한은 무한을 포

---

[63] Emil Brunner, *Natur und Gnade. Zum Gespräch mit Karl Barth*, (Mohr: Tübingen, 1934).

[64] Karl Barth, *Nein! Antwort an Emil Brunner*, (Kaiser: München, 1934).

함할 수 없고'(*Finitum non capax infiniti*), '죄인인 인간은 하나님의 말씀을 알 수 없기(*Homo peccator non capax verbi Domini*)' 때문에 하나님의 은총으로만 하나님을 알 수 있다고 주장했다. 그러나 브루너는 인간이 죄를 짓고 타락했지만 하나님을 이해할 수 있는 가능성인 하나님과 인간 사이에 접촉점(Anknüpfungspunkt)이 남아있다고 보았다. 두 사람의 입장은 이렇게 극명하게 대립되었다.

윙엘은 '하나님과 인간 사이에 어떤 접촉도 불가능하다'는 사상을 구약의 은폐성 개념과 연관시켜 설명한다. 그의 분석에 의하면, 우리는 절대적 은폐성과 적확한 은폐성을 구분할 수 있어야 한다.

하나님의 형상(*Imago Dei*)의 문제가 이 논쟁의 핵심이었다. 먼저 브루너는 하나님의 형상을 형식적(formal) 형상과 내용적(material) 형상으로 나누었다. 내용적 형상은 죄로 말미암아 완전히 파괴되었지만, 형식적 형상은 인간의 죄와 타락으로 교란되기는 했어도 완전히 파괴되지 않고 남아 있어서 하나님을 알 수 있다는 것이다. "하나님의 은혜와의 접촉점이 없다고 부정할 수 없다. 단지 이것을 잘못 이해해서 부정할 수는 있다.… 하나님의 말씀이 인간에게 말씀의 수용능력을 만들어 주는 것은 아니다. 인간은 결코 말씀의 수용능력을 잃지 않았다. 말씀의 수용 능력은 인간이 하나님의 말씀을 믿도록 만든다. 다시 말해서 하나님의 말씀을 오직 신앙으로 받아들일 수 있는 그런 방법으로 듣도록 만든다. 이처럼 접촉점이 있다는 주장으로 인해 오직 은혜라는 교리가 손상되지 않는다. 이것은 명백한 사실이다." 이 때 브루너가 말한 형식적 형상은 물질적인 것이 아니다. 그가 말한 형식적 형상은 순수 형식적인 것으로 언표성(Wortmachtigkeit)과 책임성(Verantwortlichkeit)을 지칭한다. 따라서 인간은 주체적으로 하나님과 대화할 수 있으며 하나님과의 관계 할 수 있다.

브루너는 자연과 양심과 역사 안에 일반계시가 있다고 보았다. 일반계시를 수용하고 있는 우리는 자연을 통해 하나님의 영원하신 능력과 신성을 알 수 있으며, 양심을 통해 율법을 수행하고 하나님을 탐구할 수 있다. 또한 인간은 타락했지만 세계를 유지시키시고 역사를 지속시키시는 하나님의 보존과 지속의 은혜에 참여하게 된다. 세상 창조는 하나님의 자기 교류요 계시다.(『자연과 은총』, 12) '창조가 계시이다'라는 것을 부정하는 것이 아니다. 창조를 일반계시라 하고, 예수 그리스도를 특별계시라 할 때, 어떻게 자연 안에 있는 계시와 그리스도 안에 있는 계시가 연결되어 있을까? 바로 이 점을 논의해야 한다. 브루너는 자연 안에 있는 계시가 인간에게 구원을 가져다 줄 만큼 충분치 못함을 지적했다.(『자연과 은총』, 13-15) 그러나 바르트가 보기에 브루너가 말하는 하나님은 예수 그리스도 안에 있는 특별한 계시나 성령 없이 알려진 하나님일 뿐이었다.

바르트는 계시신학의 관점에서 자연신학의 실재뿐만 아니라 그 가능성도 거부한다. 바르트는 자연에서 은총으로의 길은 없다고 보았다. 바르트는 브루너처럼 창조 관계의 연속성을 인정하지 않는다. 죄인인 인간은 하나님에 대하여 말할 수 없다. 인간 속의 그 어느 것도 하나님의 계시의 가능성과는 아무런 관계가 없다는 것이다. 창조자 자신이 그의 은혜를 관철시키기 위하여 필요로 하는 어떤 인간적인 행위를 바르트는 상상할 수가 없었다. 바르트는 존재유비를 철저하게 거부한다. 따라서 그는 예수 그리스도를 통한 계시와 은총 외에 하나님과 인간 사이의 어떤 접촉점도 허락지 않는다. 그런 점에서 브루너의 입장에서 보면, 바르트에게는 특별계시만이 있을 뿐이다. 물론 바르트가 예수 그리스도 안에 나타난 하나님의 계시에 신학의 토대를 두고 있듯이, 브루너 역시 바르트처럼 하나님은 오직 계시에 의해 알려지고 계시는 예수 그리스도 자신임을 강조한다. 하지만 '예수 그리스도 이외에 하나님에 대한 지식에 접근할 수 있는 길이 있느냐?'는 문제에 대해서, 바르트는 완전히 부정한다. 반면에 브루너는 긍정한다.

하지만 바르트의 자연신학에 대한 극단적 부정은 후기『교회 교의학』제4권(IV/3-1)에 와서는 상당 부분 수정된다. 바르트는 '생명의 빛' 교의에서 자연신학의 근거가 되는 자연계시를 빛, 말, 진리 등으로 표현하며 그 가치를 인정한다. 이러한 단어들은 예수 그리스도를 통한 절대적이고 유일한 빛, 말씀, 진리 등에 대응하여 사용한 것들이다. "피조물(우주)은 자신의 빛과 진리와 말들이 있다. 이것은 창조주의 신실함 때문에 사라지지 않는다. 자기 증거와 빛들은 인간의 죄와 교만과 게으름과 거짓에도 불구하고 하나님과 인간 사이의 관계의 왜곡에 의하여 소멸되지 않는다. 인간이 아무리 타락했어도 그것들은 인간을 조명한다. 따라서 그의 타락의 심연에서도 인간은 그것들을 보고 계속 이해한다. "예수 그리스도 안에 있는 하나님의 자기 계시에 의하여, 생명의 유일한 참 빛의 비춤에 의하여 그것들은 피조된 우주의 빛, 말 그리고 진리가 된다. 이것들은 유일한 빛과는 구별되는 피조된 빛으로서 드러나고 특징져진다. 그러나 피조된 빛은 소멸되지 않으며, 그 힘과 중요성은 파괴되지 않는다." 그런데 바르트는 이미 『교회 교의학』 제3권(III/1) 「창조론」(1945)에서 하나님과 피조물의 불가분리적인 관계를 주장함으로써 그의 자연신학의 근거를 형성한다. 곧, 그는 하나님에게는 피조적 파트너가 있다는 것을 발견했다. "하나님은 시공 밖의 어떤 진공 속에 존재하는 것이 아니다. 하나님은 한 분이시지만 그것이 하나님이 하나라는 뜻은 아니다. 이것은 그가 창조자가 될 수 있다는 것이다. 그러므로 자신 밖에 자신의 내적 본질과 전혀 모순 없는 상대자가 있다는 의미이다."

자연신학을 거부하고 계시신학을 옹호한 바르트의 이러한 극단적인 초월적인 입장에 대해 하르낙(Adolf Harnack)은 "영지주의이고 새로운 마르시온주의"일 뿐이라고 비판했다. 고가르텐(Friedrich Gorgarten) 역시 바르트의 이런 입장에 대해 회의적이었으며, 판넨베르크는 "신학의 역사 상실"로 받아들인다. 그러나 바르트의 후기 사상에 대해서 헬레(W. Härle)는 바르트의 자연신학의 근거를 예수 그리스도 안에서 일어난 세상이 하나님과 화해한 사건이라고 해석했다.65)

일반적으로 우리는 자연신학을 신앙을 이해할 수 있는 전제에 대한 반성이라고 생각한다. 이 논란을 피할 수는 없다. 융엘도 오늘날의 신학이 신경 써야 하는 중심으로 자연신학을 들고 있다. 예수는 우리에게 세계의 현실을 인식할 수 있는 눈을 열어주었다. "우리가 이미 수없이 지각했던 것이 새로운, 그러나 지금까지 다루지 않았던 방식으로 말할 수 있게 되었다. 그것은 바로 하나님과 우리와의 관계, 우리와 하나님과의 관계에도 타당하게 되었다."(1975, 400) 가톨릭 바티칸

---

65) Wilfred Härle, *Sein und Gnade. Die Ontologie in Karl Barths Kirchlicher Dogmatik*. (Walter de Gruyter. Berlin. New York, 1975), 282-3쪽

공의회는 이 문제를 신앙의 선물이라고 했다. 이로써 "신은 자신의 은혜 없이는 불가능하지만 이성을 통해서 불가피하게 인식된다"는 점을 밝혔다.66) 카스퍼는 자연신학을 "신앙을 이해하는 전제에 대한 반성"으로 규정한다.67) 자연신학의 스콜라 전통에 따르면, 창조와 구속의 상호연관성은 "은혜가 자연을 지배하에 두지만 파괴하지 않듯이(gratia supponere naturam)", "신앙도 이성을 지배하에 두지만(fides supponit rationem)" 파괴하지 않는다는 두 공리로 표현된다. 그러나 근대에는 신앙의 전제를 문제 삼았다. 합리주의는 신앙도 이성의 법정 아래 있는 것으로 보았다. 반면에 경건주의는 하나님은 오로지 신앙 안에서만 인식할 수 있다고 보았다. 자연신학을 기독교의 틀에 따라 보려면, 성서가 세계를 자연으로 보는 것이 아니라 피조물로 본다는 점을 강조해야 한다.

바르트와 브루너의 논쟁에서 융엘은 바르트의 입장을 따른다. 그는 계시신학에 근거해 자연신학를 거부한다. 자연신학은 계시 개념 없이도 접근 가능한 자연적인 질서 속에 있는 하나님을 증명하고자 한다. 융엘은 이런 의미의 자연신학을

---

66) 1. Vatikanums: Deum, rerum omnium principium et finem, naturali humanae rationis lumine e rebus creatis certo cognosci posse. DS 3004. 만물의 근원이요 목적이신 하나님은 인간 이성의 자연적 빛과 창조된 사물을 통하여 확실하게 인식될 수 있다.

67) Walter Kasper, *Der Gott Jesu Christi*, (Mainz. 1982), 92.

거절한다. 윰엘은 자연신학이 기독교 계시의 특수성을 손상시 킨다고 보았다. 하나님을 인식할 수 있는 오직 유일한 길은 예수다. 윰엘은 예수에 집중되고 있는 기독교의 계시가 모든 인간에게 영원히 적용될 수 있는 절대적인 진리라고 보고 있다. 그에 따르면, 예수는 하나님이 우리들에게 말씀하시는 계시적인 하나님의 말씀이다. 하나님은 전적으로 인간성과는 다른 분이기 때문에, 윰엘은 '우리가 오로지 예수를 통해서만 하나님을 안다'라는 주장을 강조한다.

그러나 몰트만은 "자연신학이야말로 기독교 신학의 목적이며, 기독교 신학자체는 진정한 자연신학"이라고 주장한다. 이러한 주장을 통해 몰트만은 『교회와 문화』(1926)라는 논문 속에 표현된 바르트의 근본사상을 '계시신학 안에 자연신학이 존재하는 것'으로 그리고 '인간 없이 존재하는 하나님의 불가능성'을 강조하고 있는 것으로 보인다. 만약 바르트에 대한 이러한 몰트만의 이해가 맞다면, 그것은 그가, 칼뱅이 이미 강조했듯이, '이 세상을 하나님의 영광이 드러나는 장소'로 보고 있기 때문이다. 일반적으로 우리는 자연신학에 대해 신앙을 이해할 수 있는 전제에 대한 반성이라고 본다. 오늘날 전개되고 있는 이런 반성에 많은 논란이 있다. 그러니 피할 수 없는 핵심임에 틀림없다. 그래서 윰엘도 자연신학을 오늘날의 신학이 신경 써야 하는 중심이라고 보고 있다. 예수는 우리에게 세계의 현실을 인식할 수 있는 눈을 열어주었다. "우리가 이미 수없이 지각했던 것을 새로운, 그러나 지금까지 다루지 않았던 방식으로 말할 수 있게 되었다. 그것은 바로 하나님과 우리와의 관계, 우리와 하나님과의 관계에도 타당하게 되었다."(1975, 400)

요약

성서는 자연신학의 논쟁을 모른다. 예수는 비유를 통해 하나님 나라를 말씀하셨다. 그는 우리가 살고 있는 세계의 일상 경험으로 하나님 나라를 알 수 있도록 했다. 예수의 비유에 의해 우리의 일상 경험은 전적으로 새로운 그러나 기대하지 않았던 빛 속에서 드러나게 되었다. 바울은 「로마서」에서 하나님을 알 만한 것을 우리에게 주셨고, 하나님이 창조하신 자연과 또 양심을 통해서 하나님을 알 수 있다고 말한다. 자연신학을 근거로 해 성서를 제시하는 데에는 나름대로 이유가 있다. 특별계시와 자연계시와의 관계정립 문제로 논란을 벌이는 것에 대해 왈가왈부 할 필요는 없다. 특별계시만을 주장하는 사람도 문제지만, 자연계시만을 중시하는 사람도 경계해야 한다. 물론 융엘은 바르트를 따라 자연계시를 부정하고 오로지 예수 그리스도를 통해서만 이해되는 특별계시를 옹호한다. 그러나 아쉽게도 융엘은 반대편의 입장을 고려하고자 애쓰지 않았다. 필자의 견해는 성서가 자연계시와 특별계시 중에서 하나만을 주창하지 않았다고 본다. 성서가 두 계시를 모두 인정하는 이상 우리는 양자택일을 강요해서는 안 된다. 그럼에도 융엘의 입장은 예수 그리스도의 특별계시에 대해 가치부여도 거부하는 시대적 조류 속에서는 더욱 정당성을 가지고 있다. 따라서 필자는 융엘에게 우리 시대의 문화와 문제의식에 대해 신학이 대응 방안이 될 수 있는 가능성을 열어 달라고 부탁하고 싶다.

# 9. 칭의론

루터의 종교개혁의 핵심은 '칭의론'에 있다. 그는 칭의론[68] 이야말로 기독교의 교리가 넘어지기도 하고 서기도 하는 기독교의 중심교리로 보았다. 그러나 칭의론에 대한 로마 가톨릭과 루터의 논쟁으로 가톨릭과 개신교가 불행하게도 분리된다. 그 이후 거의 5세기만에 루터교회와 가톨릭은 칭의가 인간의 공로 때문이 아니라, 그리스도의 구원 행위에 대한 신앙을 통해 성취되는 삼위일체이신 하나님의 역사임을 합의한 합동선언문을 발표한다. 그러나 융엘은 이 합동선언문 속에

---

[68] 의화론(義化論)은 가톨릭의 용어이고, 개신교는 칭의론 또는 의인론 등으로 통일하지 않고 사용하고 있다. 그러나 용어 통일의 문제는 가톨릭 학자와 개신교 학자들이 공동으로 합의하여 결정해야 할 사항이기에 필자 단독으로 결징할 수 없다. 다만 이 책에서는 필자가 속한 개신교가 사용한 칭의론을 사용하고자 한다. 참고로 합동선언문을 번역했던 심상태 교수는 의화교리라는 용어를 채택했다. 심상태 번역, "루터교 세계 연맹과 가톨릭의 의화교리에 관한 합동선언문", 『한국기독교 일치를 위한 신학자 연구모임 제 2차 연구모임을 위한 자료』, 한국기독교 일치회의, (2002), 5-14쪽

진정으로 포함되어 있어야 할 핵심 내용들이 빠져 있다고 보았다. 따라서 그는 교회연합을 위해서는 계속 협의를 해서 합동선언문 부록 속에 칭의론의 핵심 내용을 첨가해야 한다고 지적한다. 그는 로마 가톨릭에 비해 루터교회 측이 교회연합을 위한 신학 작업이 부족했음을 인정하고 『기독교 복음의 핵심으로서 경건하지 않는 자의 칭의에 관한 복음』이라는 책을 저술한다. 그는 이 책에서 루터의 개혁정신인 칭의론이 무엇인지 설명하고 있다. 칭의론은 오늘날 우리에게도 여전히 중요하며, 칭의론을 통해서야 인간과 교회를 올바로 이해할 수 있다고 보았다.

그는 자신의 저서에서 '죄인은 행위가 아닌 은혜로만 의롭게 되며, 오로지 예수 그리스도를 통해서만 의롭게 된다'는 루터의 칭의론에 기초해 죄인이 '오직 은혜로부터만'이 아닌 자신의 행위를 통해서도 의롭게 될 수 있다는 주장과 '오로지 그리스도를 통해서만'이 아니라 마리아의 중보기도를 통해서도 의롭게 될 수 있는 가능성을 말하는 가톨릭의 주장을 반박한다. 이런 문제들을 '양측이 실제로 합의하지 않았다'[69]고

---

69) Eberhard Jüngel, "Um Gottes Willen - Klarheit! Kritische Bemerkungen zum Verharmlosung der kriteriologischen Funktion des Rechtfertigungsartikels - aus Anlass einer ökumenischen 《Gemeinsame Erklärung zur Rechtfertigungslehre》", *Zeitschrift für Theologie und Kirche* 94 (1997), 400.

생각한 융엘은 합동선언문의 의의를 다음의 세 가지로 정리한다. 즉 융엘은 자신의 저서에서 합동선언문이 지향했어야 할 목표를 다음과 같이 설정한다. 첫째, '칭의론이 오늘날 우리에게도 여전히 중요하며 우리가 던지는 물음에 답을 주는가?' 둘째, '루터교회와 가톨릭은 우리의 이런 물음에 대해 어떤 상이한 답을 주는가?' 셋째, 그럼에도 불구하고 '합동선언문이 이 상이한 답들을 어떻게 하나의 공동 이해로 수렴해서 합의에 이르게 되었는가?'

## 1) 『기독교 신앙의 핵심으로서 경건치 않은 자의 칭의에 관한 복음』의 저술 배경과 목적

이 책의 출판에 결정적인 계기가 된 사건은 로마 가톨릭 교황청과 루터교 세계연맹 사이의 합동선언문 발표이다. 1518년, 추기경이자 팔레르모의 대주교인 토마스 카예타누스는 교황 사절로 마르틴 루터와 아우구스부르크에서 담판한 뒤, 다음과 같은 소견을 피력한다. "루터의 추종자들은 신앙을 교회의 전통과는 다르게 해석한다. 또한 루터의 칭의론은 서양 교회의 통일성을 무너뜨렸다." 따라서 로마 가톨릭과 루터는 갈라서게 된다. 그러다가 1994년 문헌의 초안이 작성되고 1998년 6월에 양측 교회는 문헌에 인준하였다. 그리고 1999년 10월 31일에 교황청 그리스도인 일치촉진평의회 의장 카시디(Edward Idris Cassidy) 추기경과 루터교회 세계연맹 크라우제(Christian Krause) 회장이 독일 아우구스부르크(Augsburg)에서 칭의론에 관한 합동선언문에 서명하였다.

이 합동선언문을 놓고 다양한 의견들이 있었다. 한쪽은 에큐메니컬 운동의 새로운 돌파구를 열어주었다고 긍정하면서 교회일치를 위한 중요한 발전으로 평가한다[70] 그러나 다른 한쪽은, 단지 시작에 불과할 뿐이지 실질적인 합의가 전혀 이루어지지 않고 있다고 비판하기[71]도 한다. 또는 자우터(G. Sauter) 교수처럼 합동선언문을 통해 양 교회가 '공동의 신앙고백'을 했다고 받아들인 사람들도 있다.[72] 그러나 150여 명의 독일 김나지움 종교 교사들과 1998년 초 이미 160여 명의 독일 개신교 신학대학 교수들은 종교개혁의 이념이 빠졌음을 지적하면서 합동선언문의 서명에 반대하고 있다. 신학자들의

---

70) Gernot Facius, "Schritt von der Spaltung zur Einheit. Katholiken und Lutheraner beenden einen alten Konflikt", *Die Welt* (1999.11.01).

71) Ingolf U. Dalferth, "Einheit in Verschiedenheit? Ein neues ökumenisches Dokument zur Rechtfertigungslehre", *Neue Züricher Zeitung*, (1999.06.08). 달페르트는 에큐메니컬 발전이 다른 측을 고려하지 못하는 우를 범해서는 안 된다고 경고하고 있다.

72) Gehard Sauter, "Rechtfertigung - eine anvertraute Botschaft zum unentschiedenen Streit um die 《Gemeinsame Erklärung zur Rechtfertigungslehre》", *Evangelische Theologie* 59 (1991-1), 34쪽

입장 표명의 공동저자 중 한 사람인 보훔의 발만(Johannes Wallmann) 교수는 소수의 신학 대학교수들만이 반대했다는 소문들이 교회에서는 더 이상 없어야 한다고 지적할 정도이다. 특히 호네커(Martin Honecker, Bonn), 헹엘(Martin Hengel, Tübingen), 몰트만(Jürgen Moltmann, Tübingen), 슈툴마허(Peter Stuhlmacher, Tübingen) 에벨링(Gerhard Ebeling Zürich) 그리고 슬렌츠카(Reinhard Slenczka, Erlangen) 교수 등이 참여하고 있는 복음주의 신학연합도 '합동선언문이 전통 기독교 교리와 다르다'며 합동선언문을 거부하고 있다.

융엘도 "루터의 종교개혁의 원리인 '오로지 신앙으로'를 포기하는 것은 에큐메니컬 운동의 진정한 발전이 아니다"는 입장이다. 그렇지만 "합의를 위한 노력을 계속 경주해야 한다"73)고 생각했고, 합동선언문에는 양 교회의 전략적 입장들이 있기 때문에 합동선언문의 부록을 통해 에큐메니컬 대화를 위한 "새로운 해석학"74)이 필요하다고 보았다.

---

73) Eberhard Jüngel, "Ein wichtiger Schritt. Durch einen "Anhang" haben Katholiken und Lutheraner ihre umstrittene 《Gemeinsame Erklärung》 verbessert," *Deutsches Allgemeines Sonntagsblatt*, (1999. 06. 04, Nr. 23/1999).
74) Eberhard Jüngel, "Römische Gewitter. Der Vatikan sorgt für ökumentische Ernüchterung," *Evangelische Kirche* 31 (1998), 457 ff.

## 2) 융엘의 지적에 따라 합동선언문 부록 속에 합의 내용으로 첨가되어야 할 사항들

융엘은, 합동선언문의 부록 속에 무엇보다 먼저 "그리스도인을 '의인이면서 동시에 죄인'(simul iustus et peccator)으로 이해한다"는 합의사항을 적시해야 한다고 했다. 또한 의에 대한 규정도 간과하지 말라고 했다. 융엘은 의를 "죄를 용서하심이고 의롭게 하심이라는, 즉 우리가 성령의 역사를 통해 참으로 그리고 내적으로 새롭게 되어 늘 성령에 의존해 살아간다"는 것으로 규정했다. 또한 옛 인간의 유혹의 욕심과 하나님을 신뢰하지 않고 하나님의 사랑을 따르지 않는 것을 죄라고 보았다.

첫째, '의인이면서 동시에 죄인'
가톨릭과 개신교가 진정한 합의를 위해서는 그리스도인을 '의인이면서 동시에 죄인'이라고 규정해야 한다. 그러나 가톨릭이 '의인이면서 동시에 죄인'이라는 종교개혁 이념을 받아들일 수 없음은 자명하다. 가톨릭은 '인간은 세례를 통해 모든 죄를 용서받기 때문에 이를 통해 새로 태어난 인간은 하나님(의 뜻)을 거스를 것이 없다'고 가르치고 있다. 물론 가톨릭은 세례를 받은 인간 안에 죄로 기울어지는 경향(concupiscence)이 남아 있다고 인정한다. 그러나 그것을 죄로 인정하지 않는다. 따라서 "믿는 이들은 완전한 의인이다. 하나님께서 말씀과 성사를 통해서 그들의 죄를 용서하셨다. 그러나 믿는 이들은 역시 완전한 죄인으로 남아 있다. 죄는 아직 그들 안에 있다"(29항)라는 조항을 가톨릭은 수용할 수 없다. 왜냐하면 이는 트리엔트 공의회가 내린 결정인 '내적 인간의 갱신과 성화'(DS 1258)에 부합하지 않기 때문이다. 반면에 루터교는 "믿는 사람은 하나님 안에서 완전히 의롭지만 자기 자신을 돌아보면 완전한 죄인으로 남아 있음을 발견하게 된다"는 교리를 견지한다. 이에 대해 양 교회는 "신앙인은 세례를 통해 모든 죄를 청산할 수 있으나, 여전히 죄를 짓기 때문에 계속 용서를 구해야 한다"라고 합의했다.

둘째, 의

'행위로냐 신앙으로냐?'의 문제도 칭의론의 핵심 논쟁점이다. 이에 대해서도 우리는 하나님과의 화해가 오직 신앙만으로 이루어진다는 것을 확실하게 확립해야 한다. 신앙에는 행위가 뒤따르지 않는 것은 아니고 선한 행위, 곧 하나님의 사랑에 상응하는 인간의 행위가 있어야 함을 동의했다. 그러나 죄인의 의는, 이 점을 강조해야 한다. 어떠한 방식에도 이런 행위에 근거하지 않고 오로지 신앙에 근거해서만, 따라서 하나님의 은혜에 기초해서만 의롭게 된다는 점을 명확히 해야 한다. 죄인이 의로워진 것은 그의 선한 행위 때문이 아니다. 악한 행위에도 불구하고 신앙을 통해서 그리고 선하신 하나님을 신뢰함으로써만 조건 없이 하나님과 연합하게 된다는 조건 하에서 의인이 되는 것이다.

### 셋째, 죄

가톨릭과 개신교는 죄에 대한 이해가 다르다. 만약 하나님과 같이 되고자 하는 인간의 욕망을 죄가 침투해 들어오는 문이라 가정한다면, 죄를 죄가 침투해 들어오는 문이라 해야 한다. 그런데 이는 논리적으로 부당한 것처럼 보인다. 그러나 루터는 찬송가에서 "나의 죄가 밤낮으로 나를 괴롭히며 그 속에서 나는 태어났고 또한 늘 그 속에 깊이 빠져 있음을 느끼나이다"라고 고백하고 있다. 죄에 대한 서로 다른 이해나 규정을 넘어서기 위해 융엘은 죄를 하나님과 살아있는 관계의 단절로 규정하고자 한다. 죄 때문에, 우리는 하나님이 창조자이심을 긍정하는데 실패하게 된다. 죄인이 의롭게 되는 것은 오로지 복음을 통해서다. 의롭게 하시는 하나님이 오로지 자신의 말씀을 통해 역사하시는 하나님으로 이해되는 곳에서만 성서가 옳게 이해된다. 이것을 종교개혁자들은 '오직 말씀으로만'이라는 원리로 표명했다.

### 3) 합동선언문에 대한 융엘의 문제 제기

융엘은 다음과 같은 세 가지 문제 제기를 통해 합동선언문의 의미를 분석한다. 첫째, 합동선언문은 오늘날 우리를 위해서도 칭의론의 중요함을 설명하는가? 둘째, 루터교회와 가톨릭은 이 물음에 대해 어떤 상이한 답을 제시하는가? 셋째, 합동선언문은 이 상이한 입장 차이들을 어떻게 합의했는가?

첫째, 합동선언문은 오늘날 우리를 위해서도 칭의론이 중요함을 설명하는가?

칭의론은 오늘날 우리에게도 중요한가? 죄악에서 우리의 삶을 구하기 위해 우리는 무엇을 할 수 있고 또 행해야 하는가? 우리의 어떤 행위나 업적이 우리가 하나님 앞에서 의롭다 함을 받을 수 있게 하는가? 이 문제들은 종교개혁 때 칭의론의 핵심 논쟁점들이었다. '인간의 행위가 하나님 앞에서 의를 세우는데 무엇을 기여했는가?'가 논쟁의 주제였다. 오늘날 많은 인간들은 은혜로운 하나님을 만나고 그의 심판을 벗어나기 위해 무엇을 행해야 되는지 더 이상 묻지 않는다. 그러나 루터의 질문 속에는 우리가 피해가기 어려운 질문이 포함되어 있다. 어떻게 해야 죄인인 우리가 구원을 얻을 수 있는가? 이것은 우리 삶의 본질적인 질문이다. 칭의론은 이 물음과 직접적으로 연관되어 있다. 오늘날에도 우리는 이 질문을 해야 한다. 그리고 합동선언문은 이 물음에 관한 답을 분명하게 명시해 주어야 한다.

둘째, 루터교회와 가톨릭은 이 물음에 어떤 답을 제시하는가? 이 물음에 대해 루터 신학과 로마 가톨릭 신학은 상이한 답변을 내 놓는다. 루터는 '어떻게 죄인이 구원을 얻는가?'라는 질문에 우리의 행위나 업적이 아니라 '오직 신앙으로만(sola fide)' 가능하다고 대답한다. 하나님은 십자가에 못 박혀 돌아가신 예수 그리스도를(sola christo) 통해 우리의 죄를 아무런 조건 없이 용서하신다. 우리는 그리스도 안에서 하나님의 용서하시고 관심을 표하시는 사랑을 우리의 행위나 업적으로 얻을 수 없다. 하나님의 사랑은 우리의 모든 행동과 행위보다 우선한다. 하나님께서 나에게 사랑의 관심을 보이도록 내가 무언가를 먼저 해야 하는 것이 아니다. 하나님은 우리를 순수하게 사랑하신다. 하나님의 사랑을 믿는 그 신앙 자체도 하나님의 은혜이다. 즉 내 업적이 아니라 내 속에 하나님의 역사하심이다. 이 신앙에는 좋은 행위가 뒤따를 것이다. 하나님의 사랑을 믿는 자는 자발적으로 이웃에게 사랑을 베풀 것이다. 그러나 뒤따르는 업적이 하나님과의 올바른 관계를 형성하게 하는 것은 아니다. 하나님과의 올바른 관계는 인간이 하나님께 인정받고 또 사랑받는 이유가 있어서가 아니다. 인간이 하나님께 사랑받는 것은 인간의 행위와 무관하다.

　루터교나 가톨릭은 '의롭다고 인정받는 인간의 선행은 언제나 은총의 열매'라는데 인식을 같이한다. 그러나 가톨릭은 특별히 "선행은 새롭게 변화된 인간 자신이 이룩한 결실이기도 하다"라고 덧붙인다. 양 교회는 이를 "선행을 하라는 권고는 신앙을 실천하라는 권고"라고 절충했다. 더 나아가 "은총은 얻는 것이 아니라 하나님으로부터 자유로이 주어지는 것이지만, 의롭게 된 인간은 그 은총을 낭비해서는 안 되며 그 은총 안에서 살아야 할 의무가 있다"고 합의했다. 루터는 「로마서」3장 28절에 근거해 '칭의와 구원에 필요한 것은 오직 신앙뿐이며, 선행은 단지 인간의 정화와 사회에 대한 임무로서 필요하다'고 단정한다. 이 같은 교리는 '예수 그리스도를 주님으로 믿고 고백할 뿐만 아니라 그에 상응하는 선행을 쌓음으로써 구원받는다'는 가톨릭의 전통적 가르침과 대립된다. 그리하여 양측이 '칭의는 신앙으로만 가능하다. 그러나 선행은 참된 신앙의 핵심적 표지이다'라는 합동선언문의 핵심은 예수 그리스도를 믿는 신앙과 함께 선행을 실천해야 구원받을 수 있다는 가톨릭 가르침과 오직 신앙으로만 구원받는다는 루터교 교리를 절충한 것이다. 칭의가 하나님으로부터 오는 은총의 선물임을 양측이 수용하면서도 가톨릭이 강조하는 공로와 하나님의 은총과의 협력(cooperation) 문제에 대한 입장 차이를 명확하게 드러내고 있다.

셋째, 합동선언문은 이 상이한 입장 차이들을 어떻게 합의했는가?

양 교회의 칭의론에 대한 이해 차이에도 불구하고, 합동선언문은 칭의 교리의 기초 진리를 담고 있다. 선언문 제7항은 다음과 같이 밝히고 있다. "본 합동선언문은 양 교회가 칭의에 관하여 가르치는 모든 것을 포함하지는 않았다. 그러나 칭의 교리의 기초 진리들에 대한 일치를 담고 있다. 또한 그것을 해설하는 데 남게 되는 상이성들이 더 이상 교리상의 정죄 이유가 되지 않는다는 것을 보여주면서 대화 당사자 교회들은 과거에 발해진 정죄들을 가볍게 대하지 않고 그들 자신의 과거를 부인하지도 않는다는 확신을 표명한다. 오히려, 이 선언문은 우리 교회들이 자신들의 과거 역사 안에서 새로운 통찰에 이르게 되었다는 확신으로 각인되어 있다. 교회는 서로를 분리시키는 쟁점들과 정죄들을 검토하고 저들을 새로운 빛으로 보게 하는 것을 가능하게 할 뿐만 아니라 필요하게 하는 발전이 이루어지게 되었다."

합동선언문은 칭의에 대해 두 교회가 공동 이해를 하고 있다고 밝힌다. "신앙 안에서 우리는 칭의가 삼위일체이신 하나님의 역사(役事)라고 확신한다. 성부께서는 죄인들을 구원하기 위해 당신의 아들을 세상에 보내셨다. 칭의의 토대와 전제는 그리스도의 성육신과 죽음 그리고 부활이다. 따라서 칭의는 그리스도 자신이 우리의 의이며 우리는 하나님의 의를 따라 성령을 통하여 하나님의 의에 참여하게 된다. 우리의 어떤 공로 때문이 아니라, 그리스도의 구원 행위를 믿는 신앙 안에서, 오로지 은총에 의해 하나님께 수락되어, 우리를 선행으로 준비시키시고 부르시면서 우리의 마음을 새롭게 하시는 성령을 받게 된다. … 신앙은 그 자체로서 성령을 통해 주시는 하나님의 선물이다. 이 성령께서는 신자들의 공동체 안에서 말씀과 성사를 통해 역사하신다. 그리고 동시에 하나님께서 영원한 생명 안에서 완성으로 이끄실 삶의 쇄신으로 신자들을 인도하신다."(15-16항)

우리는 우리를 통해서나 우리의 행위가 아니라, 오직 예수 그리스도와 성령 안에서의 하나님의 역사하심을 통해 의롭게 된다. 그러나 이 하나님은 우리가 신앙과 사랑으로 가득 찬 신뢰로 우리의 마음을 움직이면 우리 속에 역사하신다. 밖에서부터의 하나님의 역사와 내면에서 새롭게 하시는 하나님의 역사는 함께 하나의 전체를 이룬다. 합동선인문 18조항을 보면 칭의 교리는 "우리 교회들의 모든 가르침과 실천을 지속적으로 그리스도께 정향하도록 하는 불가결한 기준이다. 물론 루터교회가 이 기준의 특별한 의미를 강조한다고 해서, 모든 신앙 진리의 상호 연관성과 중요성을 부인하는 것이 아니다. 또한 가톨릭 신자들이 여러 기준에 자신이 매여 있다고 여긴다고 해서, 칭의 메시지의 특별한 역할을 부인하는 것도 아니다."

그럼에도 불구하고 융엘이 보기에 가톨릭 신학자들이 여러 개의 기준을 주장하는 이유는 교황의 직책을 절대 포기할 수 없기 때문이다. 만약 그 이유 때문에 칭의론이 여러 표준들 가운데 하나로 상대화된다면, 루터가 이 교리에 부여한 의미성이 상실되기 말 것이기 때문에 이를 루터교회가 반대할 것이다.75) 따라서 가톨릭 신학자 레만(Karl Lehmann)과 루터 신학자 판넨베르크가 공동으로 발표한 글76)에서는 칭의론이 다른 모든 가르침들이 참인지 여부를 판가름하는 기준이고 표준이어야 한다고 합의 주장하였다. 분명 '칭의론이 유일무이한 표준잣대인가 아닌가?'가 논란의 핵심이다. 그렇지만 자우터 교수는 루터가 말한 대로 칭의론이 개신교의 유일무이한

---

75) Martin Luther, *Die Promotionsdisputation von Palladius und Tilemann*, 1537, WA 39/I, 2ff.

76) Karl Lehmann und Wolfhart Pannenberg (Hg.), *Lehrverurteilungen-kirchentrennend? I. Rechtfertigung. Sakramente und Amt im Zeitalter der Reformation und heute*(Dialog der Kirchen. Veröffentlichungen des Ökumenischen Arbeitskreises evangelischer und katholischer Theologen unter dem Protektorat von Bischof Hermann Kunst und Hermann Kardinal Volk, Bd. 4), 1986, 75쪽

기준이 된다면, 기독교의 모든 가르침들이 칭의론 안으로 축소되고 말 것이라고 우려했다. 그러면서 칭의론을 유일무이한 기준이 아닌 '대화의 규준'으로 삼자고 제안하기도 했다.[77]

가톨릭과 개신교 사이에 실제로 논란이 되는 항목은 "신앙과 은총을 통한 칭의" 문항이다. 합동선언문은 이 문제를 제25-27조항에서 다루고 있다. "우리는 죄인들이 그리스도 안에서 하나님의 구원 활동에 대한 신앙으로 칭의된다고 함께 고백한다. … 루터교의 이해에 따르면, 하나님께서는 오로지 신앙으로만(sola fide) 죄인들을 의롭게 하신다. 신앙 안에서 그들은 창조주와 구세주 하나님께 전적인 신뢰를 바치고 그분과의 친교 안에서 생활한다. 하나님께서는 당신의 창조적 말씀으로 이러한 신뢰를 생기게 하심으로써 신앙을 이룩하신다. … 가톨릭의 이해 또한 신앙을 칭의에서 근본적인 것으로 본다. 칭의란, 신앙 없이는 이루어질 수 없기 때문이다. 인간은 말씀을 듣고 신앙으로써 세례를 통하여 의롭게 된다. 죄인들의 칭의는 죄의 용서이며, 우리를 하나님의 자녀로 만드는 칭의 은총에 의해 이루어진다."

합동선언문 4.3 항목 부록 자료에서 가톨릭은 인간 존재의 쇄신이 칭의에 기여하지 않고, 인간이 하나님 앞에서 어떤

---

[77] Sauter, "Rechtfertigung - eine anvertraute Botschaft zum unentschiedenen Streit um die 《Gemeinsame Erklärung zur Rechtfertigungslehre》", 41쪽

권리도 내세울 수 없다는 것을 강조한다. 이점은 루터교와 견해가 같다. 그럼에도 가톨릭은 하나님의 새롭게 창조하시는 능력을 받아들이기 위해서는, 이 칭의 은총을 통한 인간의 쇄신을 강조하여야 한다고 생각한다. 그러나 루터교는 오직 신앙으로만 의롭게 됨을 강조하고 인간의 쇄신은 그 자체로 칭의에 기여하지 않는다고 주장한다. 바로 이것이 가톨릭과 루터교의 의견 차이다.

### 4) 융엘의 칭의론

융엘은 자신의 저서 『기독교의 핵심으로서의 경건치 않은 자의 칭의에 관한 복음』 초판 서문에서 집필 동기를 밝힌다. 로마 가톨릭은 이미 1547년 트리엔트 공의회에서 개혁자들의 칭의 교리에 대해 나름대로의 입장을 정리했다. 그러나 루터교회는 교회 분열의 극복을 위한 신학적 기초 작업을 등한히 해 왔다. 따라서 이 합동선언문을 기회로 루터교회의 칭의론을 명확하게 정리할 필요가 있었다는 것이다. 그의 책 3판 서문에 따르면, "기독교인들과 교회가 복음에 적합한 자기 이해를 얻게 하는 것"이 그의 저술 목적이었다. 4판 서문에서는 "하나님의 의를 좇는 삶이 경건치 않은 자를 의롭다 칭하는 복음의 힘을 경험할 수 있도록 만들 수 있느냐?"는 질문으로 그의 저술의 의미를 적시한다.

윰엘은 이 책에서 칭의론의 가장 중요한 핵심이 무엇인지 설명하고 있다. 우리는 그것을 그의 책 제목 '기독교 신앙의 핵심으로서 경건치 않는 자를 의롭다 칭하는 복음'을 통해서 잘 알 수 있다. 무엇보다도 그는 칭의론에 대한 개혁적 입장을 소개하는 일에 중점을 두면서도, 그것이 가톨릭과 어떤 점에서 차이가 나고, 동시에 공동의 이해를 추구하고 있는지 설명하고 있다. 그가 이 책을 통해 부여하는 가장 중요한 문제제기 및 의의는 다음과 같다. 첫째, 칭의론이 과연 오늘날 우리에게도 특별한 의미가 있는가? 둘째, 칭의론이 사회나 교회와는 무관한 신학자들만의 교의학적인 테마가 아니라, 하나님 앞에서 인간을 근본적으로 이해하게 하는 핵심이론인가? 셋째, 칭의론이 인간과의 관계들 속에서 어떤 기초적인 인간 이해를 제시하고 그것이 사회나 교회의 삶에 어떤 영향을 미치는가?

윰엘은 경건치 않는 자를 의롭다 하시는 칭의의 문제를 복음의 핵심 문제로 이해한다. 따라서 루터처럼 칭의론을 기독교 신앙의 중심에 둔다. 윰엘이 칭의론을 기독교 신앙의 중심에 두는 이유는 "기독교 신앙이 (결국) 하나님에 대해 말해야만 하기 때문이다."[78] 즉 하나님이 인간으로 오심이, 비록 하나님이 십자가에서 죽는 일을 통해서였지만, 의롭지 못한 인간을 의롭다 칭하시는 사건임을 진술하는 방식 속에서 결국 하나님을 말해야 하기 때문이다. 바르트에 따르면, "칭의론의 진리 없이는 진정한 기독교 교회가 있을 수 없다." 융엘은 루터가 말한것 처럼 칭의를 교회가 서고 넘어지는 조항(*articulus stantis et cadentis ecclesiae*)이라고 생각한다. 따라서 "이 조항이 없으면 세계는 죽음이고 어두움일 뿐이다"라는 루터의 주장은 융엘의 사상의 기초를 형성한다. "칭의론 조항은 기독론적 삼위일체적 고백에 합당하지 않다. 그러나 그 조항을 고백하는 인간들의 현재를 새롭게 규정하는 고백으로 여기게 만들었다."79)

(1) 하나님의 의

융엘은 자신의 저서에서 '하나님의 의'를 말했다. 그는 하나님의 의를 칭의에 대한 선포가 가져오는 하나님에 의해 주어지는 자유, 곧 은총으로 기술했다. 즉, 그는 하나님의 의를 아리스토텔레스가 정의한 '질서가 잘 잡힌 관계성의 상태'로 받아들이지 않고, 인간들을 의롭게 하시는 하나님의 사랑의

---

78) Ebehrhard Jüngel, "Der alte Mensch", *Entsrprechung: Gott-Wahrheit-Mensch*, (München, 1980), 320쪽

79) Eberhard Jüngel, "Amica Exegesis einer römischen Note", *ZThK* 95 (Beiheft 10) (1998), 266쪽

행위로 기술하고 있다. 그렇기 때문에 죄를 나쁜 행동이나 인간학적 결핍으로 보지 않고 '무관계성' 또는 '관계의 단절' 등의 개념들과 연결된 신앙의 부재로 설명하고 있다. 융엘은 하나님의 의의 속성을 몇 가지로 나누어 설명한다.

첫째, 하나님의 의는 인간을 이해하는 기준이 된다. 인간을 이해하려면 하나님 앞에서 인간이 어떤 존재인지 규명함으로써 가능하다. 「로마서」 4장에 따르면, 모든 인간은 죄인이기 때문에 인간이 스스로 의로울 수 없다. 비록 우리가 의로운 행위를 행한다 하더라도, 인간이 스스로 의인일 수가 없다는 점이 성경의 관점이다. 하나님만이 우리를 의롭게 한다. 그 외에 다른 방법은 없다. 인간에 대한 올바른 이해는 인간을 하나님 앞에서 바라볼 때에야 가능하다.

둘째, 하나님의 의는 철학적인 의가 아닌 법률적 차원에서 사용되었다. 융엘은 칭의론이 어원적으로 구원사적인 문맥에서 사용되기 보다는 법률적인 차원에서 사용되었다는 점을 놓쳐서는 안 된다고 지적한다. 따라서 그리스도 안에서 하나님의 법률적인 구원하심이 우선되어야 한다. 하나님의 의는 말로 표현할 수 없는 영원한 속성이라기보다는 죄인을 의롭게 하시는 하나님의 행위와의 일치에서 보아야 한다. 융엘은 바울이 말한 '하나님의 의'를 케제만의 지적에 따라 작자적 2격(作者的 *gen. auctoris*)으로 해석한다.[80] '의(義)'는 추상명사가 아니라 행동명사(*nomen actionis*)다. 따라서 '하나님의'를 주어적 2격이나 목적어적 2격이 아니라, 작자적 2격으로 본다. 따라서 '하나님의 의'가 하나님으로부터 나와서 인간에게 부여되는 의로서 하나님과 인간의 관계를 근거지어 주는 의를 뜻한다고 해석한다. 그러므로 '하나님의 의'는 하나님께서 잘못된 것을 바로 잡으시려고 행하시는 행위 또는 하나님께서 옳다고 판결해 주시는 행위이다. 그래서 융엘은 다음과 같이 정리해 준다. '하나님은 하나님의 의를 통해 의로우시다.'

셋째, 십자가에서의 삼위일체 하나님의 의의 행위는 융엘

---

80) '하나님의 의'(δικαιοσυνη θεου)라는 어구의 δικαιοσυνη는 행위명사(*nomen actionis*)로 성질을 뜻하는 추상명사로 이해되어서는 안 된다. 왜냐하면 가톨릭교회와 루터교회 사이에 전개된 *iustitia infusa* (infused righteousness)와 *justitia imputata*(imputed righteousness)에 대한 논쟁은 사실 δικαιοσυνη를 추상명사로 오인했기 때문에 생겼기 때문이다. δικαιοσυνη θεου라는 낱말에서 주어적 2격과 작자적 2격은 엄밀하게 구분된다. δικαιοσυνη라는 단어는 δικαιουν이라는 타동사가 명사화한 것으로, 타동사가 명사화되면 행위 자체를 뜻하기도 하고 행위의 결과를 뜻하기도 한다. 행위명사와 결합한 2격 명사는 행위의 결과물을 발생시킨 장본인을 가리킬 경우에는 작자적 2격(*gen. auctoris*)이라 하고, 행위의 주체를 가리킬 경우에는 주어적 2격(*gen. subj.*)이라 할 수 있다. δικαιοσυνη θεου라는 어구의 δικαιοσυνη가 행위명사이고 θεου가 작자적 2격이라면 δικαιοσυνη-θεου는 재판관으로서의 하나님이 행하신 의로운 사건, 즉 하나님이 인간 사이에 일어난 잘못된 일을 바로 잡으려고 일으키신 구원 사건을 뜻한다. 김창락, "칭의론/성의론: 쐐기냐 꺾쇠냐?" 『KNCC 제 3회 에큐메니칼 포럼 - 구원에 대한 기독교 내의 대화』(2003. 5.13).

에게 가장 중요한 신학적 단초가 된다. 루터가 1545년에 라틴어로 쓴 자서전 머리말에서 언급된 대로, 하나님은 그리스도께서 우리를 위해 행하신 십자가 고난의 행위 속에서 은혜를 베푸심으로 하나님 자신이 의로우신 것처럼 동일한 방식으로 우리를 의롭다 하셨다. 여기서 우리는 융엘이 십자가를 관계의 최고 주권행위로 이해하고 있음을 알 수 있다. 즉 아버지 하나님과 성령의 능력 속에 있는 아들의 하나님 그리고 죄 많은 인간을 향한 삼위일체 하나님의 관계를 주목하고 있다. 이처럼 융엘이 십자가 중요한 역할을 담당하고 있다고 보는 이유는 인간이 삼위일체 하나님의 삶에 참여할 수 있어야 하고 그 길이 십자가라고 생각하기 때문이다.

(2) 칭의론의 핵심 원리

융엘은 자신의 저서 제5장에서 죄인을 의롭다 하심에 대한 문제를 다루면서, 루터의 네 가지 원리를 강조한다. '그리스도를 통해서만', '은혜에 의해서만', '오로지 말씀으로만' 그리고 '신앙을 통해서만' 의롭게 된다. 모든 원리 속에 포함된 '…으로만(solus)'이라는 용어는 신의 주도권을 인정한다. 즉 '오직 하나님만이(solus Deus)'를 강조한다. 이것은 융엘에게 구원의 경륜에서 인간의 행위를 배제하는 것 이상의 의미가 있다. 그러나 이 점 때문에 칭의론의 본질에 대한 루터교회의 입장과 가톨릭의 입장대립이 심해지고 있다.

'오로지 그리스도를 통해서만' 이루어지는 구원은 구원사적 배타성을 문제 삼을 수 있다 할지라도, 이것이 기독교의 핵심인 이유는 그것이 동시에 그리스도 안에서 행하시는 하나님의 구원사역에 제한이 있을 수 없다는 보편성을 갖기 때문이다. 융엘이 이해하기에 루터나 가톨릭 모두 그리스도의 구원하시는 인격이나 사역의 유일성의 이념을 충실히 지키고 있다고 생각한다. 그러나 이 둘은 다른 점이 있다. '오로지 그리스도만이(solus Christus)'이라는 원리 외에 다른 구원사적 중심들, 즉 마리아 또는 교회에 대한 이해가 다르다. 또한 하나님의 구원 행위와 인간의 선행과의 관계에 대한 논쟁도 아직 정리되지 않고 있다. 그러나 융엘의 입장은 단호하다. 우리 자신 밖에서 그리고 우리의 결정 행위를 넘어서서 그리스도 안에서만 우리는 존재한다.

이러한 입장을 확고히 하면서, 융엘은 다음과 같은 세 가지 사항을 칭의론의 핵심으로 제시한다. 첫째, 그리스도인은 의인이면서 동시에 죄인으로 산다. 둘째, 구원은 '오로지 말씀을 통해서만' 이루어진다. 셋째, 의는 오로지 신앙을 통해서만 이루어진다. 이 때 신앙은 결코 인간의 결정이 아닌, 하나님의 은혜의 말씀에서 시작되는 구원사역에 우리 자신을 전적으로 맡기는 '수동적인 행위'이다. 우리는 하나님이 창조한 피조물로 존재하기 때문에 우리 자신을 구원할 수 없다. 그렇기 때문에 인간의 행위로 자기 자신을 만들 수 없다. 다만 이미 만들어진 것을 기뻐할 뿐이다. 이것이 바로 융엘이 제 6장에서 많은 부분을 할애하여 언급하고 있는 '의로부터의 삶'의 핵심 내용이다.

   논란이 되는 개념은 '수동성'이다. 이 '수동성'은 에벨링이 루터를 해석한 것에 의존하고 있다. 에벨링은 인간을 말씀의 수동적인 피조물로 본다. 합동선언문 17항은 인간과 하나님의 은총의 협력의 문제를 다룬다. 여기서는 수동성의 문제가 논란이 된다. '인간과 하나님의 은총의 협력'이라 할 때, 인간이 하나님의 은총을 거부할 수도 있지만, 거부할 수 있는 자유와 함께 하나님의 뜻을 따르는 능력도 있다. 따라서 새로운 창조물 안에 주어지는 이 새로운 능력을 순전히 수동적으로 보는 것을 가톨릭은 허락하지 않는다. 반면 루터교는 '인간 존재는 죄인으로서 하나님과 그분의 구원 활동을 능동적으로 거스르기 때문에 자신의 구원에 협력할 수 없다'고 본다. 루터교는 인간이 은총의 작용을 거부할 수 있음을 부인하지 않는다. 따라서 루터교가 인간은 오로지 칭의를 단지 수동적으로 받기만 한다고 강조하는 이유는, 인간이 자신의 칭의에 이바지할 수 있는 어떠한 가능성도 배제해야 하기 때문이다.

(3) 융엘의 칭의론의 문제점

임희국 교수는 융엘의 칭의론에 대해 그의 주장이 타당하려면, 일차적으로 성경에서 선포된 칭의와 루터가 강조하는 칭의론이 일치함을 증명해야 한다고 보았다. 그러나 그 길이 쉽지 않을 뿐 아니라, 융엘이 루터교회의 칭의론을 성경말씀과 동일시하면서 루터교회의 가르침을 절대화하려는 것은 아닌지 묻는다. 성경의 핵심 원리는 예수 그리스도의 복음이다. 이 복음에 입각한 루터의 칭의론을 우리가 파악하고 있어야 함에도, 융엘은 루터의 칭의론을 지나치게 붙잡고 있다고 의문을 제기한다.[81]

만약 우리가 칭의론을 기독교의 핵심으로 정립하고자 할 때, 하나님의 구원의 또 다른 내용이나 사항들을 고려하지 않을 수 있다는 점도 간과해서는 안 된다. 예를 들면 그리스도의 사역과 그리스도인의 행위를 명확하게 분리하게 되면, 성령론이 작용할 수 있는 영역이 약해질 수 있다는 점이다. 가톨릭 신학 안에서도 제기되고 있는 루터에 대한 비판은 융엘에게도 해당한다. 한스 큉(Hans Küng)과 오토 페쉬(Otto Pesch)는 인간을 단지 객체로만, 즉 신의 행위의 대상으로만

---

[81] 임희국, "기독교 구원론에 대한 에큐메니컬 대화 - 로마 가톨릭과 루터교회 세계연맹의 '합동선언문'(1999.10.31)을 중심으로"『KNCC 제 3회 에큐메니컬 포럼 - 구원에 대한 기독교 내의 대화』, 2003. 5.13.

취급하는 것에 이의를 제기한다. 주님의 은총이 그 안에서 미치는 영향은 신의 능력으로, 동시에 진정한 의미에서 인간들에게도 자기 자신의 행위가 되는 그런 행위를 가리킨다. 그런데 그 때 은총 안에서 인간도 자신의 삶의 주체가 된다. 그들은 또한 루터에게도 다음과 같이 묻는다. 그들은 루터가 바울주의에 너무 빠져 있기 때문에, 실제로 성서의 진정한 청취자였는지 묻는다. 예를 들어 야고보는 성서에 속하지 않는가? 이들은 루터가 일방적으로 바울 사상에 의지하고 있다고 지적한다.

루터의 칭의론에 대한 개신교 신학자들의 비판도 있다. 틸리히(Paul Tillich)는 예수 그리스도안의 새로운 존재를 중시하면서, 칭의론보다 그리스도 안의 새로운 존재가 기독교의 구속 선포의 중심을 이루는 오늘날의 상황에 적합하다고 이해했다. 바르트 또한 결정적인 중점을 그리스도인의 신앙 고백에 두었다. 더구나 칭의론의 개념성 역시 오늘날에는 쉽게 찾을 수 없다. 1963년 헬싱키(Hellsinki)에서 열린 루터교회 세계연맹 종회도 칭의론에 대한 만족할 만한 내용을 제시하지 않았다. 루터신학 자체 안에서도 칭의론이 너무 개인주의적이어서 협소화되고 있다는 비판을 정당한 것으로 여기고 있다. 칭의론 만큼은 하나님 나라의 임하심이 중심이 되어야 하지 않는가?

요약

 융엘은 루터교회의 입장에서 루터교회 세계연맹과 가톨릭의 합동선언문이 남긴 문제점을 고찰했다. 합동선언문의 의미를 과소평가하지는 않았다. 그러나 이 선언문이 핵심 사항을 피해서 합의했다고 보았다. 따라서 무엇이 문제이며, 그것이 왜 중요한지를 다시 한 번 점검한다. 필자가 보기에 융엘이 개신교와 가톨릭이 다시 합해져야 한다는 대명제를 거부할 의사는 없었던 것 같다. 그러나 반드시 다시 합해져야 한다는 필연성은 제시하지 않은 것 같다. 서로가 결코 놓쳐서는 안 된다고 생각되는 주제들을 합의하지 못했으면서 합동선언문을 발표했다는 인상을 지울 수 없다. 정확하게 말하면 합의가 불가능한데도 합동선언문을 발표한 것이다. 그러나 달리 생각하면, 인간으로서, 더구나 그리스도인으로서 이 일은 칭찬해야 한다. 사실 필자는 아직도 칭의론이 기독교가 서기도 하고 넘어지기도 할 수 있는 축이라는 명제에 대해서도 동의하지 않는다.

# 10. 맺음말

융엘은 현재 생존해 있는 독일 신학자 중 몰트만과 판넨베르크와 더불어 가장 영향력 있는 대신학자로 평가받고 있다. 그러나 그의 신학 사상은 유감스럽게도 우리나라에 많이 알려지지 않았다. 여러 이유가 있겠지만, 아마도 그의 신학사상과 체계가 쉽지 않은 데도 원인이 있을 것이다. 또한 우리나라에는 그에게서 신학박사 학위를 받은 사람이 아직 없기 때문이기도 할 것이다. 그러던 차에 현대 신학자 평전 시리즈로 융엘을 소개하게 되어 참 기쁘다.

그는 불트만 학파 출신으로서 바르트 사상을 가장 잘 섭렵하고 있다는 평을 받고 있다. 융엘의 사상은 불트만 학파, 특히 푹스와 에벨링의 해석학적 힉풍과 바르트의 신학 사상의 융합으로 형성되었다. 또한 하이데거 사상에도 빚지고 있다. 그가 하이데거와의 만남을 소개하면서 이에 대해서는 잘 밝혔다. 하이데거는 융엘에게 "신은 가장 가치 있는 사상의 대상이지만, 바로 거기에서 언어는 침묵하고 만다"고 했다. 융엘은 루터나 바르트를 염두에 두고서 언어가 하나님 앞에서 무력해지는 것이 아님을 확인했다 한다. 그러나 융엘은 바르트나 불트만 학파의 어느 편에 서지 않았다. 그보다는 개혁가들의 사상을 더 중시했다. 그것은 항상 더 깊은 생각을 하는 정신을 소유한 자들로, 모든 신학적 문제에 대해서도 가장 좋은 해결책을 가지고 있다고 생각하지 않은 바로 그 겸손을 견지하려고 노력했다 한다.

그가 대학에서 강의를 준비하면서 바르트의 신학으로부터 성경이 증언하고 있는 진리에 관심을 가지려면 우리가 살고 있는 현재의 세계에 대해서도 신뢰해야 한다는 것을 배우게 되었다고 술회한다. 따라서 그는 학생들에게 자신들의 판단이 옳은지의 기준을 반드시 성경에서 발견하도록 촉구했으며 그것에 기초해 삶의 문제들을 풀어나가도록 이끌었다고 한다. 그는 이런 통찰을 삶의 세계를 초월하는 복음의 빛에 의해 삶의 세계를 조명함이라 했다.

그는 구 동독에서 태어나 그곳에서 교육을 받았기 때문에 공산주의 체제의 장·단점을 체험했다. 그곳에서 부자유한 지적 분위기와 진리를 향한 사랑을 방해함이 얼마나 큰 것인지를 알게 되었다. 따라서 자유가 있고 진리가 있는 세계를 사랑하는 것이 얼마나 위대한지 깨달았다 한다. 융엘은 자유와 진리를 찾을 수 있는 곳이 바로 기독교였고, 교회였다. 따라서 우리는 그가 평생 교회를 떠난 신학을 거부한 이유를 이를 통해 알 수 있을 것이다. 이런 과정에서 그가 이해하려고 애쓴 하나님은 다름 아닌 전능하신 하나님이었다. 그러나 그는 성경에서 십자가에서 무능하게 죽은 하나님을 말할 때, 하나님을 어떻게 이해해야 하는지를 생각했다. 그리고 십자가에서의 죽음을 통해 자신이 하나님이심을 드러내는 하나님에 대한 이해를 끝까지 견지하게 되었다. 그런 차원에서 그는 전능하신 하나님과 십자가에서 죽으신 하나님을 올바로 이해하기 위해 하이데거가 밝힌 것처럼 지배력이나 권력의 행사는 인간 자신의 계획을 위해서가 아닌, 합법적으로 행사되어야 한다는 점을 중시하게 되었다. 그는 판넨베르크가 말한 바처럼, 이 땅에서는 완전한 것은 아니지만 그 완전한 것의 선취인 하나님 나라가 이 땅에서 실현될 수 있다는 종말론적 입장을 견지하게 된다.

당시 시대는 이러한 종말론적 사고가 지배하고 있었다. 히틀러의 등장도 그 원인을 제공한다. 히틀러의 종말론적 메시야 이해를 놓고 거짓 메시야인 히틀러 정부를 무너뜨리기 위해 폭력을 찬성할 것인가 아니면 반대할 것인가 논란에 참여하게 된다. 몰트만이나 메츠 그리고 죌레 등은 정치신학의 성공여부를 기독교 신앙이 진실을 말할 능력과 의무감을 끝까지 관철할 수 있느냐에 보았다. 따라서 융엘은 이들의 정치신학과 일정한 거리를 두었다. 그러면서도 해방신학이나 남아프리카 인종 정책 그리고 구 유고의 인종청소정책에 반대하면서 제한적 폭력을 인정하기도 한다.

특히 그는 동독 생활을 통해 공산주의의 가장 큰 폐단이 교회탄압이 아닌 무신론이었음을 지각했다. 역사적으로 볼 때, 교회를 탄압하면 교회가 사라지는 것 같지만 오히려 견고해지는 듯이, 외형적으로 드러나는 교회탄압보다 무신론이 더 문제임을 알게 되었다. 따라서 그의 신학의 가장 큰 관심사는 '무신론을 강요하는 세대나 사람들에게 어떻게 성경의 진리를 말할 것인가?'를 설명하는 일이었다. 이에 대한 설명을 융엘은 그의 주저인 『세상의 비밀이신 하나님』을 통해 밝혔다. 융엘은 무신론의 뿌리를 구약의 예언자들이나 신약의 사도들에게 두었다. 당대 세계의 신들을 부정하는 그들의 태도를 통해 그것을 엿볼 수 있다는 것이다. 근대에 접어들어 니체에 의해 선언된 신의 죽음의 문제를 통해 가장 분명하게 드러난 무신론의 문제를 융엘은 신학의 중심문제로 설정하였다. 그는 십자가는 전지전능한 신의 부정임을 명확히 인식한 사람으로 니체를 평가하면서 십자가를 자신의 신학의 중심에 위치시킨다.

융엘의 신학에 대한 평가는 다양하다. 독일 신학자의 전형이었다고 평가하는 사람이 있는가 하면, 신학을 사변화시킨 장본인으로 해석하는 사람들도 있다. 융엘이 조직신학과 성서학을 해석학으로 묶은 점이나 진리를 향해 늘 열려 있는 신비설교가인 점 그리고 최근 저서인 루터교회 세계연맹과 로마 가톨릭 교황청의 칭의론 논쟁에 참여한 데서 보듯이, 논쟁의 중점에 있는 사람임에 틀림없다.

그의 신학의 핵심을 테마별로 구분하면, 기독론, 신론, 인간학, 자연신학, 해석학 그리고 칭의론 등으로 나눌 수 있다. 기독론을 통해 하나님과 인간 예수의 십자가의 동일화를 체계화했다던가, 신론의 중심에 루터의 십자가 신학에 근거한 하나님의 죽음을 둔다던가, 인간학의 핵심에 십자가의 예수의 인간성에 초점을 맞춘 점, 말씀으로 오신 하나님에 대한 이해 그리고 루터의 칭의론을 고수한 점 등은 그의 큰 신학적 업적이다. 융엘의 신학 사상을 올바로 이해하려면, 언어적 존재로서의 인간성, 현실보다 존재론적으로 우선하는 가능성, 신학적 인간학의 핵심인 관계 존재론, 복음의 정수인 예수 그리스도, 루터적인 존재와 행위의 구분, 교의학의 중심인 칭의론 등의 개념을 알 필요가 있다.

그의 기독론의 핵심은 예수 그리스도의 십자가 사건 속에서 하나님이 아들 예수와 동일화를 이루셨다는 데 있고, 그의 해석학의 핵심은 푹스의 '언어사건', 곧 성경은 언어로 기록된 말씀으로써 단순한 정보전달이 아니라, 인격으로 실제로 일어난 언어사건이라는 진술에 있다. 그의 신론은 바르트와 불트만 그리고 골비처와 브라운 논쟁으로 이어진 하나님 존재 이해에서 '하나님 자신을 위한 하나님 존재와 우리를 위한 하나님 존재'라는 개념으로 둘을 이어준다. 자연신학의 핵심에는 신의 죽음의 문제가 놓여 있는데, 살아계신 하나님의 죽음이라는 아이러니한 제목으로 결론짓는다. 신의 죽음은 하나님의 사랑이 실현된 것으로 하나님은 스스로 죽은 예수와 동일한 분이심을 드러낸다. 칭의론은 루터교회와 가톨릭의 화해할 수 없는 대립논쟁을 다시 한 번 각인시키며 칭의론이 기독교의 교리 성패 여부가 달린 문제임을 확실시했다. 이렇게 요약된 내용들을 좀더 자세하게 설명하면 다음과 같다.

첫째, 해석학은 융엘 신학의 신학적 단초이다. 그 출발점으로 아우구스티누스의 이해를 언급할 필요가 있다. 아우구스티누스는 말씀으로 임하신 하나님은 우리가 우리 자신을 이해할 수 있는 것보다 더 잘 이해할 수 있도록 '나보다 더 내 가장 깊은 곳까지(*interior intimo meo*)' 임하셨다. 그 분이 바로 예수 그리스도이다. 예수는 '말씀 행위 속의 존재'이다.

둘째, 말씀 신학에서 시작하는 그의 기독론의 논쟁점은 사적 예수에 대한 논란이었지만 사적 증명뿐만 아니라, 신앙적 그리스도의 신앙고백을 포함시킴으로 해결한다. 따라서 전승되고 있는 기독론을 새롭게 해석한다. 특히 성육신(incarnation)을 하나님의 예수와의 동일화의 전거로 들 때, 본성의 범주차원만이 아닌 관계를 통해 해석한다.

셋째, 무신론의 주장인 '신의 죽음'을 신학적 차원에서 답하면서 죽음이 하나님과의 관계의 기준이 될 수 없고, 오로지 예수 그리스도만이 하나님과의 관계의 기준이 되며 예수 그리스도를 믿는 신앙만이 하나님과의 관계의 기준이 될 수 있음을 밝힌다. 근대의 신 죽음의 형이상학적 사유가 제기한 문제의식을 십자가 신학에 기초해 죽음을 죽인 사건으로, 그리하여 예수의 죽음 속에서 자기 동일화를 이룬 사건으로 해석하기 때문에, 예수의 죽음을 구속의 사건으로 정리한다. 따라서 십자가는 살아계신 하나님의 죽음으로 하나님이 살아계신 분임과 동시에 죽음이 우리를 지배할 수 없음을 밝힌다.

넷째, 『하나님의 존재는 되어감 속에 계신다』라는 책 제목에 드러나 있는 신론의 핵심에서 '되어감'은 대상으로서의 존재인 삼위일체 하나님의 존재양식으로, 행위 속에 존재를 표현하고 있다. 성부, 성자, 성령의 하나님은 '자신에 연관된 존재'이며 '되어감의 존재'이다. 이런 의미에서 삼위일체란 '대립적인 타자존재의 공동체'를 뜻한다. 이 개념은 경륜적 삼위일체와 내재적 삼위일체 상호성을 포함한다. 하나님의 역사가 인간을 향해 오셨듯이 하나님의 역사성은 오심 가운데 있는 하나님의 존재를 나타내면서 둘이 서로 상호성을 갖는다는 것이다.

다섯째, 무신론 시대의 하나님의 사유 가능성에 대한 논란의 핵심은 신의 본질과 신의 존재를 통일할 수 있느냐의 문제에 달려있다. 아리스토텔레스 이래로 전승되어 온 신의 존재와 본질 사이의 일치에 데카르트의 주체가 개입되어 신 사유 확실성을 파괴하기 시작하여 존재가 없는 본질만의 신을 생각할 수 없다고 했다. 그리고 신의 본질을 인간의 본질로 본 포이어바흐는 신을 생각할 수 있는 곳에서만 인간을 생각할 수 있다고 했다. 니체는 신의 본질이나 존재 등을 사유물일 뿐이라고 일축하고 만다. 이에 대해 윰엘은 십자가의 하나님의 말씀을 통해 신 사유 가능성을 제시한다.

여섯째, 바르트와 브루너의 계시신학과 자연신학의 논쟁에서 윰엘은 바르트를 따라 계시신학을 옹호한다. 자연신학이 기독교 계시의 특수성을 손상시키기 때문이다. 그는 하나님을 인식할 수 있는 유일한 길은 예수라고 했다.

일곱째, 윰엘은 칭의론을 기독교 신앙의 핵심으로 본다. 칭의론은 오늘날 우리에게도 여전히 중요하다. 칭의론을 통해서야 인간을 참으로 이해할 수 있다고 보았기 때문이다. 칭의론 논쟁으로 개신교와 가톨릭은 나뉘진다. 윰엘은 개신교 가톨릭의 화해와 일치를 위해 칭의론의 핵심을 비켜가서는 안 된다는 입장이다. 그러나 합동선언문의 가치를 무시해서는 안 된다고 말한다.

# 참고문헌

## 융엘의 주저

본문에서 융엘의 저서들은 초판 년도 표시로 출처를 제시했다.

*Paulus und Jesus*(1962, 6. Aufl. 1986).

*Gottes Sein ist im Werden. Verantwortliche Rede vom Sein Gottes bei Karl Barth, eine Paraphrase*(1965, 4. Aufl. 1986).

*Tod*(1971).

*Unterwegs zur Sache. Theologische Bemerkungen*(1972, 3. Aufl. 2000).

*Gott als Geheimnis der Welt*(1975, 6. Aufl. 1992).

*Entsprechungen: Gott - Wahrheit - Mensch*(1980).

*Das Evangelium von der Rechtfertigung des Gottlosen als Zentrum des christlichen Glauben*(1998, 3. Aufl. 1999).


## 참고문헌

김영한, 「세상과 신 - 융엘의 십자가 신학에 대한 비판적 조명」, 『한국 기독교 신학 논총』 제 32집, 한국기독교학회 엮음, (서울: 대한기독교서회 2004).

김영한, 「초기 융엘의 신론: 신 존재 생성론」, 『한국 기독교 신학 논총』 제31집, 한국기독교학회 엮음, (서울: 대한기독교서회 2003).

김창락, 「칭의론/성의론: 쐐기냐 꺾쇠냐?」 『KNCC 제3회 에큐메니컬

포럼 - 구원에 대한 기독교 내의 대화』(2003. 05.13일),

임희국, 「기독교 구원론에 대한 에큐메니컬 대화 - 로마 가톨릭과 루터교회 세계연맹의 '합동선언문'(1999.10.31)을 중심으로」, 『KNCC 제3회 에큐메니컬 포럼 - 구원에 대한 기독교 내의 대화』, 2003.5.13.

이정배, 「에버하르트 융엘의 신론에 대한 비판적 연구」, 『신학과 세계』(1986, 2).

데카르트, 『방법서설 · 성찰 · 데까르뜨 연구』, 최명관 역 저, (서울: 서광사, 1983),

Anselm of Canterbury, *Proslogion*, 전경연 옮김, (서울: 한들출판사, 1997).

Pannenberg, W., 『신학과 철학』, 정용섭 옮김, (서울: 한들출판사, 2001).

Schulz, W., 『근대 형이상학에 있어서의 신 - 철학과 신학』, 이정복 옮김, (서울: 종로서적, 1983).

Barth, K., *Nein! Antwort an Emil Brunner*, (Kaiser: München, 1934).

Braun, H., "Die Problematik einer Theologie des Neuen Testaments", in: *Gesammelte Studien*, (Tübingen, 1962).

Brunner, E., *Natur und Gnade. Zum Gespräch mit Karl Barth*, (Mohr: Tübingen, 1934).

Dalferth, I. U., "Einheit in Verschiedenheit? Ein neues ökumenisches Dokument zur Rechtfertigungslehre", *Neue Züricher Zeitung*, (1999.06.08).

Dilthey, W., *Weltanschauung und Analyse des Menschen seit Renaissance und Reformation*, Gesammelte Schriften II, (Stuttgart, 1964).

Dvorak, R., *Gott ist Liebe: eine Studie zur Grundlegung der Trinitätslehre*, (Würzburg: Echtedr, 1999).

Engelbert, P., *Liebe - das Geheimnis der Welt: formale und materiale Aspekte der Theologie Eberhard Jüngel*, (Würzburg: Echter, 1990),

Facius, G., "Schritt von der Spaltung zur Einheit. Katholiken und Lutheraner beenden einen alten Konflikt", *Die Welt* (1999.11.01).

Feuerbach, L., *Das Wesen des Christentums. Sämtliche Werke VI*, hg. von Wilhelm Bolin & Friedrich Jodl, (Stuttgart-Bad Cannstatt, 1960).

Feuerbach, L., Gedanken über Tod und Unsterblichkeit, Bd., II.

Feuerbach, L., *Geschichte der neueren Philosophie von Bacon von Verulam bis Benedikt Spinoza*, Bd., III.

Fichte, J.G., "Über den Grund unsers Glaubens", *Philosophisches Journal* 8, (1798).

Fichte, J.G., *Zur Religionsphilosophie* (Der Herausgeber des philosophischen Journals gerichtliche Verantwortungsschriften gegen die Anklage des Atheismus), Fichtes sämtliche Werke, hg. von Immanuel Hermann Fichte, Bd. 5, (Berlin, 1845 [1971]).

Gollwitzer, H., *Die Existenz Gottes in Bekenntnis des Glaubens*, (München, 1963).

Härle, W., *Sein und Gnade. Die Ontologie in Karl Barths Kirchlicher Dogmatik*. (Walter de Gruyter. Berlin. New York, 1975).

Hegel, G.W.F., *Vorlesungen über die Geschichte der Philosophie*, SWXV.

Heidegger, M., *Holzwege*, (Frankfurt a/M., 1950).

Jüngel, "Amica Exegesis einer römischen Note", ZThK 95 (Beiheft 10) (1998),

Jüngel, "Der alte Mensch", *Entsprechung: Gott-Wahrheit-Mensch*, (München, 1980).

Jüngel, "Ein wichtiger Schritt. Durch einen "Anhang" *haben Katholiken und Lutheraner ihre umstrittene* 《Gemeinsame Erklärung》 verbessert", Deutsches Allgemeines Sonntagsblatt, (1999. 06. 04, Nr. 23/1999).

Jüngel, E,, "Meine Theologie - kurz gefasst" (1985), *Wertlose Wahrheit*, Mohr Siebeck : Tübingen 1990, 1-15.

Jüngel, "Metaphorische Wahrheit. Erwägungen zur theologischen Relevanz der Metapher als Beitrag zur Hermeneutik einer narrativen Theologie", in: *Paul Ricoeur & Eberhard Jüngel, Metapher. Zur Hermeneutik religioser Sprache*, (München, 1974).

Jüngel, "Römische Gewitter. Der Vatikan sorgt für ökumentische Ernüchterung", *Evangelische Kirche* 31 (1998).

Jüngel, "Um Gottes Willen - Klarheit! Kritische Bemerkungen zum Verharmlosung der kriteriologischen Funktion des Rechtfertigungsartikels - aus Anlass einer ökumenischen 《Gemeinsame Erklärung zur Rechtfertigungslehre", *Zeitschrift für Theologie und Kirche* 94 (1997).

Jüngel, "Vom Tod des lebendigen Gottes. Ein Plakat", in: *Unterwegs zur Sache. Theologische Bemerkungen*, (München, 1972).

Jüngel, *Zur Freiheit eines Christenmenschen. Eine Erinnerung an Luthers Schrift*, (München, 3. Aufl. 1991).

Kant, I., *Prolegomena*.

Kasper, W., Der Gott Jesu Christi. (Mainz. 1982).

Klimek, N., *Der Gott - der Liebe ist: zur trinitarischen Auslegung der Begriffs "Liebe" bei Eberhard Jüngel*, (Essen, 1986).

Lehmann K., und Wolfhart Pannenberg, W., (Hg.), *Lehrverurteilungen-kirchentrennend? I. Rechtfertigung. Sakramente und Amt im Zeitalter der Reformation und heute* (Dialog der Kirchen. Veröffentlichungen des Ökumenischen Arbeitskreises evangelischer und katholischer Theologen unter dem Protektorat von Bischof Hermann Kunst und Hermann Kardinal Volk, Bd. 4), 1986.

Lüpke, J., "Jüngel Eberhard: Gott als Geheimnis der Welt", *ThRv* 76 (1980).

Luther, M., *Die Promotionsdisputation von Palladius und Tilemann*, 1537, WA 39/I.

Nietzsche, F., *Also sprach Zarathustra*, Nietzsche Werke VI-1, (Berlin, 1968).

Peters, A., Gedanken zu Eberhard Jüngels These: 'Gott als Geheimnis der Welt', *Wer ist das - Gott? Christliche Gotteserkenntnis in den Herausforderungen der Gegenwart*, hrsg. von H. Burkhardt, (Giessen, 1982).

Sauter, G., "Rechtfertigung - eine anvertraute Botschaft zum unentschiedenen Streit um die 《Gemeinsame Erklärung zur Rechtfertigungslehre》," *Evangelische Theologie* 59 (1991-1).

Schütz, C., "Gegenwärtige Tendenzen in der Gottes- und Trinitätslehre," in: *Mysterium Salutis*, hrsg. von M. Loehrer, (Zürich, 1981).

Sölle, D., *Atheistisch an Gott glauben. Beiträge zur Theologie*, (Olten, 1968).

Sölle, Das *Rechteinanderer zu werden*, (Neuwied und Berlin, 1971).

Sölle, D., *Stellvertretung, Ein Kapitel Theologie nach dem Tode Gottes*, (Stuttgart, 1965).

Webster, J. B., *Eberhard Jüngel, An Introducktion to His Theology*, (Cambridge, 1986).

현대 신학자 평전 14

# 에버하르트 융엘
– 진리의 현대적 해석자

초판인쇄_2007년 6월 11일
초판발행_2007년 6월 26일
지은이_정기철
펴낸이_심만수
펴낸곳_(주)살림출판사
주소_413-756 경기도 파주시 교하읍 문발리 파주출판도시 522-2
출판등록_1989년 11월 1일 제9-210호
전화_ 영업·(031)955-1350  기획·편집·(031)955-1365
팩스_(031)955-1355
e-mail_salleem@chol.com
홈페이지_http://www.sallimbooks.com

ISBN 89-522-0167-1 04230 (세트)
ISBN 89-522-0651-0 04230

* 잘못된 책은 구입하신 서점에서 바꾸어 드립니다.
* 저자와의 협의에 의해 인지를 생략합니다.

값 12,000원